情景

管理学研究中的
意义、理论、方法与应用

梁 茹 著

上海大学出版社
·上海·

图书在版编目(CIP)数据

情景：管理学研究中的意义、理论、方法与应用／梁茹著.—上海：上海大学出版社，2021.12
ISBN 978-7-5671-4426-2

Ⅰ.①情… Ⅱ.①梁… Ⅲ.①管理学－研究 Ⅳ.①C93

中国版本图书馆 CIP 数据核字(2021)第 266353 号

责任编辑　石伟丽
封面设计　柯国富
技术编辑　金　鑫　钱宇坤

QINGJING

情景

管理学研究中的意义、理论、方法与应用

梁　茹　著

上海大学出版社出版发行
（上海市上大路 99 号　邮政编码 200444）
(http://www.shupress.cn) 发行热线 021-66135112
出版人　戴骏豪

*

南京展望文化发展有限公司排版
江阴市机关印刷服务有限公司印刷　各地新华书店经销
开本 710mm×1000mm　1/16　印张 11.25　字数 151 千
2021 年 12 月第 1 版　2021 年 12 月第 1 次印刷
ISBN 978-7-5671-4426-2/C・136　定价　88.00 元

版权所有　侵权必究
如发现本书有印装质量问题请与印刷厂质量科联系
联系电话：0510-86688678

前　　言

　　复杂性思维和对复杂性的探索，不断加深了人们对管理系统自身复杂性的理解和认识。作为有高度智能的人参与的开放复杂巨系统，管理系统不仅具有一般复杂系统的基本特征，而且具有一些特殊的复杂性表现形式，集中表现在以下几个方面：一是管理系统中人的复杂性。管理系统中的主体具有记忆、学习和产生对策的能力，具有高智能性和适应性，通常智能程度越高，适应能力越强，行为的不确定性越大，系统就越复杂。二是系统结构的涌现性。管理系统中主体行为的多样性以及信息不完全与不对称、信息流的传导偏差、时间延滞，加上信息在复杂网络结构中的非线性传播，均可能使管理系统涌现出复杂的大尺度行为。三是系统演化路径的多样性。管理系统是一个开放的系统，各个层次的主体必须不断调整自身的活动以适应外部环境的演化，这种调整必然引起系统内部各组分行为、结构形态及其相互作用模式的变化，包括较多的非线性成分、对初始条件的敏感性及对路径的依赖性。

　　总之，管理系统中主体的智能性和适应性、管理系统在空间上所展现的涌现性、在时间上呈现的演化性等，都是管理现象复杂性的典型表征。20 世纪 70 年代末，钱学森等提出将还原论和整体论辩证统一起来，创新性地提出将定性、定量方法结合起来的综合集成思想和方法论。

　　本书从管理研究的情景需求出发，提出情景在管理研究中的主要意义,探讨情景在管理研究中的相关理论、方法,并有效应用于管理系统中复杂决策情景下决策方案的制定研究中。全书包括四大部分(共四篇),主要内容安排如下:

第一篇主要阐述情景在管理学研究中的意义,包括第一章和第二章。其中,第一章阐述情景的来源,回顾关于情景认知的不同内涵,并通过评述对情景的不同认知提出情景特征及其与情境的关联。第二章从管理研究的情景需求分析出发,探讨管理研究中情景的本质属性及其产生机制,并进一步构建管理研究中的情景可计算模式。

第二篇主要探讨情景在管理学研究中的理论,包括第三章、第四章和第五章。其中,第三章从决策方案质量评价维度对管理复杂性进行分析,并以重大工程决策为例,探讨决策方案功能与环境的长尺度耦合机制。第四章考虑到决策问题的深度不确定困境,对决策的不确定性进行反思,并分析基于深度不确定的决策情景鲁棒性及情景鲁棒性决策。第五章考虑管理复杂性降解内涵及原则,建立管理复杂性降解路径,并探讨管理复杂性降解的有效性度量问题。

第三篇主要建立情景在管理学研究中的分法,包括第六章和第七章。其中,第六章概述了情景分析方法,分析了不同类型的情景分析步骤,并探讨情景理论体系的基本构成及其相关领域应用。第七章考虑情景生成方法,探讨情景重构与预测过程,并形成情景建模与情景分析基本范式。

第四篇主要论证情景在管理学研究中的应用,包括第八章和第九章。这两章分别以湖泊流域复合系统情景建模和情景强依赖性决策为例,来说明情景在管理学研究中的相关应用。

本书尝试对情景在管理学研究中的意义、理论、方法及应用作出抛砖引玉式的探索,其核心思想是认识到管理问题在"情景"意义下的复杂性及深度不确定性,这与当下管理学研究的一个研究新领域——"复杂系统管理"的决策问题的复杂整体性本质也是一致的。

目　　录

前　言 ··· 1

第一篇　管理学研究中的情景意义

第一章　关于"情景"认知的回顾与评述 ························· 3
第一节　情景的来源 ·· 3
第二节　情景的内涵 ·· 4
第三节　情景的特征 ·· 9
第四节　"情景"与"情境"的辨析 ······························ 13

第二章　管理中的情景本质 ·· 15
第一节　管理研究的情景需求 ······································ 16
第二节　管理研究中的情景性质及其产生机制 ··················· 17
第三节　管理研究中的情景可计算模式 ··························· 28
本篇小节 ·· 35

第二篇　管理学研究中的情景理论

第三章　管理研究中方案功能与环境的长尺度耦合 ············· 39
第一节　决策方案质量评价 ·· 39

第二节　管理复杂性分析 ·············· 48

第三节　决策方案功能与环境的长尺度耦合 ·············· 57

第四章　基于深度不确定的决策情景鲁棒性 ·············· 64

第一节　决策问题描述——深度不确定的困境 ·············· 64

第二节　决策的不确定性反思 ·············· 67

第三节　决策情景鲁棒性 ·············· 71

第五章　管理情景的复杂性降解原理 ·············· 81

第一节　管理情景的复杂性降解的基本内涵 ·············· 81

第二节　管理情景的复杂性降解原则 ·············· 83

第三节　管理情景的复杂性降解路径 ·············· 88

第四节　管理情景的复杂性降解的有效性度量 ·············· 103

本篇小节 ·············· 105

第三篇　管理学研究中的情景方法

第六章　情景分析方法 ·············· 109

第一节　情景分析方法概述 ·············· 109

第二节　情景分析的步骤 ·············· 112

第三节　"情景"理论体系的构成 ·············· 114

第四节　情景分析的应用 ·············· 116

第七章　情景鲁棒性决策的关键技术 ·············· 119

第一节　情景生成方法 ·············· 119

第二节　情景重构与预测 ·············· 121

第三节　情景建模与情景分析 ·············· 123

第八章　情景强依赖性决策方案形成……………………… 129
　第一节　情景强依赖性决策问题提出……………………… 129
　第二节　情景强依赖性决策的鲁棒性关键影响因素识别…… 132
　本篇小节……………………………………………………… 140

第四篇　管理学研究中的情景应用

第九章　湖泊流域复合系统情景建模……………………… 145
　第一节　湖泊流域复合系统复杂性分析与思考…………… 145
　第二节　太湖流域复合系统情景建模研究方案…………… 154
　第三节　政府不同偏好对太湖流域复合系统情景演化的
　　　　　实验分析………………………………………… 157
　本篇小节……………………………………………………… 160

参考文献……………………………………………………… 161

后　记………………………………………………………… 170

第一篇

管理学研究中的情景意义

第一章
关于"情景"认知的回顾与评述

第一节 情景的来源

"情景"(scenario)一词源自剧本故事的情节发展(plot development),表示某些事件的发生,剧本也可看作情景的组合。作家 Leo Rosten 就曾把"情景"融入对故事的描述,这个词语是他基于好莱坞术语提出来的。"情景"一词最早出现于 1928 年在 *Transactions of the Society of Motion Picture Engineers* 上发表的"Scenario Writing"(Wilson,1928)一文,文章阐述了一个好的情景作家、优秀的导演、优秀的演员以及优秀的制片人对于一部好电影的诞生有着至关重要的作用。

"情景"并不是一个新的概念,其使用具有悠久的历史,可追溯到早期哲学家的著作。比如《乌托邦》(全名是《关于最完美的国家制度和乌托邦新岛的既有益又有趣的全书》)一书就是英国托马斯·莫尔(Thomas More)于 1516 年用拉丁语写成的对政治和社会的讽刺作品,其中就蕴含了早期对于情景的描写。书中描写了一个船员访问乌托邦岛的故事。作者在第二部分描述了未来可能出现的一系列情景:财产共有,全国教育普及,宗教自由,人人从事劳动,人人享有同样的权利,金银不再是贵重的物品而成了孩子们的玩物,为共同利益牺牲个人的欲望等。《乌托邦》描述了未来社会的一幅美妙的图画,这便是早期情景的雏形。

"情景"一词最早被赋予对未来实践的预测的含义出现在 1967 年 Kahn 和 Wiener 合著的《2000 年》一书中。在书中他们对 30 年后的经济与社会进行了预测，认为其未来形态是多种多样的，并且受到科学发展与技术进步的驱动。情景相关技术作为战略规划工具，植根于军队，并被历史上的军事战略家运用，通常被用于战争游戏的模拟中。此外，"情景"一词不仅仅出现在英美文学教材中，还出现在短篇小说选读教材、阅读教材、听力教材和其他教材中。

第二节 情景的内涵

综合文献理解，情景主要具有以下三种内涵：

一、情感与景色

在哲学领域和文学领域比较常见。在哲学领域，将情景中的"情"与"景"分开，两个字各有自己的含义：从浅层次理解，情景指的是感情与景色；从深层次理解，情景是指人有"天赋"或"先验"的道德意识和理性能力，另一方面人的认识和情感的产生有赖于后天的客观事物的外感作用，先验形成之后，人会在看见特定景色之后产生特定的某种情感。

在文学领域，情景作为一个单纯的词语被运用，使用的是它最原始的含义，即"情"与"景"。最为常用的即为"情景交融法"这一抒情手法，即在所描写的景物之中融入作者主观情感的写作方法。情景可以浅层次地理解为"感情和景物"；深一步理解就是情景交融，景中有情，情中有景，涉及人的视觉记忆，对具体的模态和细节的记忆，大脑中的意象组合和回忆。比如，早期诗学代表《礼记·乐记》中即有"乐者，言之所由生也；其本在人心之感于物也"的诗句，表明了人的感情是主观感受，却又受物的影响,物是感情的寄托体。"物"不仅能够使人产生心理感受,也能寄托人心中所想,而且其表现不是直接倾诉,而是借助物加以表现。再比如,"千形万象竟还空,映水藏山片复重。无限旱苗枯欲尽,悠悠闲处作奇峰",这是一首描写夏云的诗,全诗都在描写云的形状与姿态,原本一幅优美的画卷,却因作者的心境而使之带上了浓郁的感情色彩,将诗人的个人感情融入对景物的描写中。"情景论"也就是对诗美构成的原质——"情"与"景"的关系的理解表达。古代诗学"情景论"正是对这一复杂的交合关系的揭示与把握。从总体看,历代诗论家对"情景"的把握都有自己的切入角度和论证背景,但受民族文化的制约,表现出"深融圆合"的民族思维特色,形成了大致相同的见识。也就是说,他们都不把"情""景"对立起来,而是从两者交合统一的角度探寻它们复杂微妙的内在关系,从而形成了大致相同的理解表述,认为孤情孤景难成,而且必须情景契合融化,浑成境界。

另外,在戏剧中,情景变得具象化,主要指故事发生的场景,包括灯光的强弱、布景的设计、服装的搭配、道具的使用以及化妆等造型元素的综合设计和美化等。

二、某一特定时间和特定空间中的具体情形

比如,心理学中提到的"情景记忆"(episodic memory)这一概念,是 Tulving 在 1984 年创造的术语,指的是人们回忆过去事件的能力,也包括对于未来某一时间段内特定空间的具体情形描述。再如,心理学中提到的未来情景思维(episodic future thinking),指的是对一个先验事件未来的预测。还有在战略规划中广泛使用的一种工具——情景规划,其中定义的情景是注重因果过程和决策点而构建的事件的假设序列(Kahn et al,1967)。

《2000 年》一书给了"情景"一个新的定义,即"情景"是未来可能发生的事件及发展过程中产生的一系列事件的描述,是基于因果过程和决策目标而构建的一系列假设事件的一系列结果,其在情景的应用与

发展中起到了里程碑式的作用,为情景分析方法的诞生打下了基础。

德国 Kassel 大学环境系统研究中心 Alcarro 和 Heorichs(2002)起草的《环境情景分析草纲》的讨论稿中,提到了多种"情景"的定义:① 情景是指一系列将会出现的事实,或者一些行动或事件的计划过程;② 情景是关于未来可能的结果的一系列自圆其说的观点,它不是预测,而是未来可能出现的结果;③ 情景是为了强调因果过程和决策点而构造的一系列假设的事件;④ 情景是具有关于可能出现的未来的、合乎逻辑的情节和描述的故事,包括对未来的想象以及导致这些未来情形的一系列事实;⑤ 情景是对可能出现的未来的实现过程的描述,反映出关于现有趋势如何发展,主要的不确定性会如何产生影响以及新因素如何开始产生影响的不同假设;⑥ 一个情景可以被定义为一条线路,通过决策树,由一系列关于事实和机会的叙述支持;⑦ 情景是关于对未来不同设想的原汁原味的描述,这些设想是根据内心所能够反映的关于过去、现在及未来发展的不同观点的模型构造的。

宗蓓华(1994)在《战略预测中的情景分析法》一文中将"情景"定义为对事物所有可能的未来发展态势的描述;描述的内容既包括对各种态势基本特征定性和定量的描述,也包括对各种态势发生可能性的描述。情景分析过程实质上是来完成对事物所有可能的未来发展态势的描述,其结果包括三大部分的内容,即未来可能发展态势的确认、各态势的特性及发生可能性描述、各态势的发展路径分析。

van der Heijden(1996)在 *Scenarios: The Art of Strategic Conversation* 一书中详细介绍了情景规划,阐述了情景在企业战略规划中的重要作用。他认为情景是进行战略规划的重要方式,因为情景是多样化的,能够为决策者提供不同的视角,同时又能够帮助决策者更好地了解当下的状况,能够在适当的时候准确地采取相应的对策。在书中,他对情景采用了独特的定义方式:内部定义和外部定义。"外部情景"指的是一种超出人们控制范围的、遵循外部环境发展模式的、具有内外统一性和挑战性的描述;而"内部情景"强调个人主观感受,与其对外部环境的期待相关,是一个因果关系,可以被认为是个人按照自己的认知地图进行的路径推断结果的描述。他认为情景是进行战略规划的重要方式,因为情景是多样化的,能够为决策者提供不同的视角,同时又能够帮助决策者更好地了解当下的状况,在适当的时候准确地采取相应的对策。

Schoemaker(1997)认为,情景是被用来预测外部环境的,尤其是预测一些趋势或者能够影响参与者的关键性不确定因素。他认为每个情景都讲述了各种元素在某些条件下如何相互作用的故事,元素之间的关系可以用模型和数据进行演化。每种情况应评估内部一致性和合理性。例如,高可见度和大雪漂移是不可信的组合。虽然场景的边界有时会模糊,但是一个详细和现实的叙述可能会引起相关者的注意。因此,生动的雪景情景(低可见度)可能使相关者意识到皮肤保护、护目镜、食物、广播、收容所等变得非常重要。

van der Heijden(1996)认为,情景是预测未来的一种方法,将情景分为外部情景和内部情景。"外部情景"指来自外部世界的共同或认可的心理模式,它代表外部世界可能的未来发展和成果的范围,发生的事情是人们不能控制的;而"内部情景"与一个人的自我有关,对于个人来说,内部情景往往是规范的,即一个人的内心世界"如果我这样做,那么这将会导致这样的事情,直到实现我的目标"。通常,一个决定的好坏不取决于当前的情况,而取决于未来的条件情况。如果预测的时间跨度小,未来可能跟过去的相似度比较大,这个时候,用过去推演的未来的可信度是比较高的。然而,当进一步预测未来时,继续用上述方法预测变得不恰当,可信度极大地降低,情景就是用来处理这种未来预测的方法。情景不仅仅是提供了关于未来的一个合理演变的内部一致性的视野,一系列这样的观点导致战略家无法从把未来简单地视为现在的外推的思维定式中走出来。情景的主要收获在于其推演过程,在于提出的策略的鲁棒性的理解,即对于策略的机动性和环境适应性的理解。

Godet在2000年发表的一篇有关情景与战略规划的文章中,详细描述了情景规划的方法。他认为,情景是组织关于未来的预期变化,是一系列关于未来的描述。他定义的一个情景是对一种未来情况和一系列事件从最初情形到未来情形的发生路径。他认为情景常常被滥用,特别是常被用于描述任何一组假设;当然,这些假设必须同时符合人们所有相关性、连贯性、合理性、重要性和透明性的标准。他将情景分为两大类:一类是探索式情景,即从过去和现在的趋势出发,推测未来可能的情况;另一类是预期的或规范式情景,其建立在未来期待的愿景或者担心的情况的基础上,被设计成"后退式"。

Fahey 和 Randall(2009)介绍了情景学习的方法,将策略管理与情景技术相结合,为包括营利和非营利性组织以及政府在内的各种组织提供了预测未来各种可能性的方法。组织通过学习和推断具有竞争力的前瞻性场景,可以采取相应行动,实现理想的未来发展,快速适应不利环境,能够有效地建立在许多不同市场条件下取得成功的战略。在该书中,他将情景定义为:揭示外部环境如何以意想不到的方式发生变化。

三、能够诱发某种特定情绪的场景

在教育领域中,"情景教学法"(situational teaching method,也称为"情境教学法",在教育领域两者使用混乱),是教师为了让学生身临其境,利用幻灯片、看电影等各种手段引入情景,提高学生课堂参与度,从而提高教学效果的教学手段。如情景教学法(情境教学法)的研究是以生动直观的语言描绘相结合的手段,创设典型的场景,调动儿童积极的学习情绪,从而促进其主动参与教学过程的一种教学模式。该教学法最初用于语言教学课堂中,如英语、日语、俄语教学等;后也渗透到其他各教学领域,如幼儿口语、高校思政课、医学临床教学等。

心理学领域所涉及的"情绪情景理解"(understanding of emotion situation)这一概念,主要指的是在特定情绪诱发的情景中,个体对自己或他人的情绪进行识别或推断。在关于该领域的研究中,一般会给出具体的情景,考察幼儿是否能够感知到该情景所给出的特定情绪。比如事先制定好包括语音、文本和表情图片等材料,随机呈现给被试者,并询问被试者"哪个是生气/伤心"之类的问题等。

第三节 情景的特征

情景往往作为一种战略工具使用。van der Heijden(1996)将情景分为外部和内部情景。可以说,外部情景发生的事情的本质相对客观,在人们的控制之外。而内部情景更为主观,因为内部思维属于这个人本身。本书所涉及的情景,指的是外部情景,因此下文所出现的情景,皆为外部情景的省略表达。

发源于二战期间的情景,于20世纪60年代渐渐为人所知。其最经典的定义来自Kahn(1967),他提出情景是为了关注于事件之间的因果过程以及为了最终做决策的一系列假设事件的建构。关于情景的定义有很多,综合来看具有以下几个特点:

第一,情景是一种对未来的假设。Wiley和Chichester(1998)直接认为情景是神话故事(fairy tale),描述的是未来可能会如何。Bradfield等(2005)等认为情景只是描述了可能的未来,而不是必定发生的未来。Goosen(2004)指出,情景的价值并不在于其预测未来的能力,而在于提供对未来见解的能力。Raskin等(2005)认为,情景不是预测,而是设想的未来路径。van der Heijden(1996)认为,情景是一套合理可行的,但结构不同、具有内部一致性和挑战性的关于未来的描述。Fahey和Randall(2009)认为,情景是描述性叙述可选择的未来。Brauers和Weber(1988)认为,情景是在考虑到某种环境下可能发展出来的相互依存因素的情况下,用来描述组织未来环境可能出现的场景的,包含定性和定量两个方面,管理者的思想与经验体现在定性方面,定量方面不仅预测未来状态,而且给出几个不同状态发生的概率,这对于未来的高度不确定性特点,对于组织来说更具有实际意义。Wollenberg等(2000)认为情景是可能的故事,与预测不同,其目的是激发创造性的思维方式,帮助人们突破既定的思维习惯,从而更好地适应未来。当复杂性和不确定性很高时,情景是一种有效的工具;若复杂性和不确定性很低,直接预测即可。Bezold(2010)认为情景是关于未来的一系列平行设想,具体的样子取决于组织的一些状态信息,可以采用定性描述,也可以采用定量描述,也可以两者都采用,以其中一个为主;同时,应该设想四个情景,包括组织的预期和担忧、政策以及实现这些情景的路径。可以说,情景规划的目的不是准确预测未来的情况,而是敏锐地洞察出系统中的驱动力在不同条件下的可能情况。

第二,情景包括的是事件序列而非单独的事件。Kahn(1967)指出,情景是一系列假设事件的序列,其目的是关注事件之间的因果关系以及决策。Goosen 等(2004)认为情景描述了过程,代表了某一段时间内的一系列事件序列。情景并不等同于未来某一刻的图像,但是包括未来的图像。图像是未来状态某一时刻的静止的快照,而场景更像是由一系列未来图像按照逻辑序列组成的动态电影。Godet(2000)认为,情景是由一系列关于未来的描述以及从最初情形到未来情形的过程构成的。在实践中,情景是对从过去、现在和未来发展中反映不同观点的精神地图或模型创建的未来替代图像的原型描述。情景不仅包含未来的图像序列,而且包括导致未来状况的驱动力、事件和动作,以便在未来的图像中可视化。在理想情况下,情景应该在内部一致、合理和可识别的故事中探索未来的路径(Anastasi,1997)。也就是说,情景描述的是某一段时间内的事件序列,而非某一静止时刻的场景。这个事件序列包括现在的状态以及从现在状态到最终状态这个过程中的演绎路径。

第三,情景关注因果关系。事件序列的联系在于因果关系。van der Heijden(1996)提出,情景规划过程的核心不依赖于概率,而依赖于定性因果思维。Rotmans(1998)认为,情景包括因果相关的状态、事件和行为产生的结果。Godet(2000)提出,即使情景常常被滥用于描述一系列假设,但是这些假设也必须是相关的。Kahn和Wiener(1967)认为,情景是基于关注因果过程和决策目标而构建的假设事件结果。Schoemaker(1997)认为,情景是关于可能未来的特性描写,它具备脚本样式和详细的细节描述,并特别关注因果关系、内部一致性和具体性。情景是假设的事件序列,其目的是将注意力集中在因果过程和决策点上(Kahn et al,1967)。虽然对情景的定义有很多,但大多数定义下的情景具有以下特征:假设是假设的,描述未来可能的途径;方案描述动态过程,表示一个事件的动态时间序列;方案包括驱动力、事件、后果和行为是因果关系;方案从初始状态(通常是当前状态)开始,描绘最终状态在固定的时间范围内。也就是说,一系列的事件并不是独立的,而是符合一定因果关系的。这种因果关系让情景更加可靠,人们可以更好地利用情景做出决策。

第四,情景构建的目的在于帮助决策。情景可能是一种最有力的用于拓展观点、提出问题以及挑战常规思维的工具。例如,在气候变化分析方面,情景是关于未来如何展开的可选图像,并且是一种能够分析驱动力如何影响未来物质排放结果的工具,从而可以协助分析气候的变化。在该应用中,包括气候模拟以及对其影响的评估。此外,情景也可以看作一种利用一套故事感知可选择未来的工具。许多战略规划师在使用情景时只是量化不确定因素的替代结果,对决策毫无帮助。但是好的情景能够有效地让管理人员了解周遭的环境,基于对现实的可靠分析构建不确定性因素,并让决策者重塑看待问题的方式,改变某些潜在的假设。

情景应用于多个领域,如环境领域、能源领域、危机应对领域、交通运输领域等,通过分析环境、构建出未来的情景的设想,提前制定应对预案,即当下的决策。就情景应用的例子来说,在20世纪70年代初壳牌公司就将其运用于原油的需求预测。当时,"壳牌情景规划之父"皮埃尔·瓦克(Pierre Wack)认为谁控制了原油储量,谁就将最终决定其实际的产量。在他的领导下，其规划团队设想了六个情景，其中一个"危机情景"的内容是一旦西方石油失去世界石油的供给，将会发生什么。而1973年，OPEC（Organization of the Petroleum Exporting Countries）实施了禁油措施，对此，壳牌公司及时地实施了应对措施。通过情景的设想，壳牌公司有效抵御了石油危机。

第五，情景具有内部一致性和可信性。情景可定义为内部一致地看待未来可能是什么。Anastasi（1997）认为，理想情况下，情景是具有内部一致性、可信的以及可识别特征的故事，从而探索达到未来的路径。Godet（2000）指出，情景是从原始情形到未来情形形成过程中的未来情形和事件形成的集合。虽然情景常常被滥用为描述任何一组假设，但是这些假设也必须同时具有关联性（pertinent）、连贯性（coherent）、合理性（plausible）、重要性（important）以及透明性（transparent）。Bradfield等（2005）指出，一致性（coherence）、可信性（plausibility）、内部一致性（internal consistency）、逻辑基础（logical underpinning）是方法论中评估情景的最基本的指标。需要说明的是，内部一致性是统计学中测量信度的概念，在情景中则指的是设想出的一系列事件具有内在的一致性。信度是指测验结果的一致性、稳定性及可靠性，可信性与基本常识、逻辑相关。Schoemaker（1997）认为每个情景是对内部一致性（internal consistency）和合理性（plausibility）的评估，如高可见度和大雪漂移是不可信的组合。

第六，情景不只是当前趋势的外延。许多对于长期情景的研究都不考虑惊喜/意外和分歧，但是惊喜/意外是十分重要的。因为历史告诉我们，历史的趋势特征是处于强烈的波动中，而非平滑的曲线，通常是由意想不到的变化引发的。Schwartz（1996）指出，情景为了打破传统应该包括惊喜/意外。这之中的惊喜/意外主要包括难以想象的惊喜、可想象的不可能的惊喜、可能的可想象的惊喜/意外以及地震、经济衰退等某些惊喜/意外。这里，惊喜/意外指的也就是关于未来的不确定性。由于未来存在着许多不确定性，所以并不是维持当前的状态延续往后发展,未来的发展是复杂多变的,具有多种发展态势。

第四节 "情景"与"情境"的辨析

中文的文献中经常会出现"情景"和"情境"两个词语,而且经常被混淆使用,比如,情景教学法和情境教学法。实际上,这两个词语的含义有重合的部分,同时也存在一定的区别。

"情境"是一个人在进行某种行动时所处的特殊背景,包括机体本身和外界环境因素。故"情境"也包含客观的"境"与主观的"情"以及由"情"萌生的主观感受上的"境"之意,相应于英语的 feeling 和 context。"情境"是行为的产生背景,是日常生活中的一个重要概念。"情境"的知识也可以解释为什么一件艺术品能够被制作出来,比如,多那太罗(Donatello)制作了大卫雕像等艺术品。此外,可将"情境"定义为当一个人正在使用移动互联网服务时可能对其产生影响的全部个人和环境因素。可以说,情境能够解释行为并且潜移默化地引导行为。

以环境心理学的视角来看,"情境"是环境中个人、身体和社会方面的特定设定,以供研究者或设计者思考研究。在移动计算领域,"情境感知"(context-aware)将情境称为位置、附近人员和对象的身份以及对这些对象的更改。在人机交互领域,常常有"使用情境"(use context)的概念,该领域认为,当进行产品(或系统)开发时,考虑到它们会在特定的情境中被使用,被具有某些特征的用户群使用。用户有一定的目标,并希望执行某些任务。该产品也可能在一系列技术、物理和社会或者组织等能够影响其使用的环境中被使用。

结合前文对"情景"内涵的描述可以发现,"情境"与"情景"的第三种内涵在使用上最容易混淆。在《现代汉语词典》(第7版)中,这两个词语的意思是这样的:"情景"是指(具体场合的)情形,景象。而"情境"是指情景,境地。如果单从字面解释来看,"情境"的范围要广于"情景"。"情景"更具体直观,"情境"是指蕴含在情景中的相互交织的因素及关系,"情境"比"情景"包含的内容更多一些,"情境"包含"情景"。因此,情景创设比情境创设要简单一些。相较而言,"情境"中的"境"所包含的信息量大,是客观存在的多种环境、景物与主题面对多种环境、景物时所产生的不同情感,甚至包括其所隐含的氛围。而"情景"中所涉及的"景"更为微观,信息量也较少,往往是来自现实生活中的一个实景片段、一个背景素材,对某一场景、景物的描述,例如风景。此外,"情景"的引入更多的是为了激发某种特定情绪,比如,教师为了达到激发学生的学习兴趣而引入某种场景,这种场景内容具有具体、直观、吸引人的特点;而"情境"则是背景以及背景对于主体产生的潜移默化的影响。

第二章
管理中的情景本质

在决策活动中,决策主体会受到环境的影响,两者之间有密切的关系。一方面,任何一个决策方案都处在某一特定的环境之中,环境不是静止的,具有动态性、演化性,环境会随着时间的推移发生改变,这就需要决策主体在决策活动中考虑到环境的变化,使做出的决策能够适应环境的变化;另一方面,环境所考虑的时间尺度与决策方案有效期是一致的,即环境会一直处于不断变化的状态,且这种变化不是一蹴而就的,它贯穿于整个决策方案有效期。因此,决策主体在决策活动中为了保证所做的决策能够适应环境的变化,必须考虑环境长时间的变化。

决策活动与环境的相互作用最终体现在决策方案之中。决策方案的形成受环境变化的约束和影响。决策环境是经常变化的,决策方案必须适应决策环境的变化才能立足于客观世界,才能发挥它应有的作用。同时,环境变化的复杂程度对决策方案的形成有着重要影响。若环境变化比较简单,其变化规律能够被决策者所掌握,那么决策者就可以在决策方案中考虑到应对这种简单环境变化的方法,从而做到运筹帷幄;若环境变化相对较复杂,决策者在决策时并不能够判断出环境的变化规律,自然不能够制定出十全十美的决策方案。因此,凡决策必须考虑环境变化,即找到决策方案制定的条件。

从以上内容能够看出,决策活动与决策环境有着密切的关联,特别是与决策环境的变化密不可分,而环境变化可简称为决策情景。

第一节　管理研究的情景需求

管理研究实际上是人们认识社会系统并形成概念、判断与推理的过程,是社会系统在研究者头脑中的一种再现和重构。这种再现和重构从认识方式来看,可能是感性的,也可能是理性的;从认识角度来看,可能是局部的,也可能是整体的。也就是说,社会科学研究往往是有画面感的,而且画面是随环境、时间的变化而变化的,甚至画面是前后连贯的,即是具有"情景"性的。

"情景"是管理研究在整体层面上的宏观现象、现象的演化及形成该现象的路径(梁茹 等,2017)。具体说明如下:

第一,在管理研究中,一般所述情景基本上均指未来情景,但未来情景与现在情景及过去情景是一个连贯的过程,未来情景包含着现在和过去情景,但不完全包含在过去和现在情景之中,此意为不能由过去和现在的情景完全推断和确知未来情景。

第二,未来情景是人们可能面临的某种现象,因为构成情景的主要因素是管理系统的自组织行为,因此,人们无法由自己的意志和偏好完全安排与定制社会系统未来情景。

第三,情景在形成与演化过程中也确实深受人的行为的影响,所以在总体意义上,情景既是人们研究社会系统对象或问题的背景,在一定程度上往往也是人们自身行为创造的结果。

第四,由于情景形成的深度不确定性,未来情景的空间也是不确定的,而且情景演化路径越长,情景空间的不确定性越显著,这也是管理系统之所以是复杂系统的关键原因。

在这里,"情景"可以是局部的,如社会系统的某个状态、某个特征,也可以是整体性的,如系统状态与行为的有机结合所呈现出来的整体特征;在刻画程度上,"情景"可以是具体的,也可以是经过抽象的;在维度上,情景可以是一维的,即仅从一个角度来刻画系统,也可以是多维的,即从多个角度来刻画系统;在时间关系上,"情景"可以是某一时间点的,也可以是某一个时间范围内的,这个范围可以是小时间尺度,也可以是大时间尺度;在数量关系上,"情景"可以是单一的,如社会系统在某个时间节点或特定的环境下所呈现出来的系统特征,也可以是组合的或者连续的。因此,情景在结构性、要素或层次上均体现其"多元"特性,称为多元情景,也可简称为情景。

"情景"就如同一个摄影师把客观世界和其主观世界统一地呈现在一张照片、一组照片或一段视频中。在一定意义上,社会科学研究必不可少的工作是呈现社会系统情景。社会科学研究结果也是有情景的,离开了"情景",就难谈结论的实际意义与正确可靠性。从逻辑学看,研究结论是根据一定的前提推论得到的结果,是对事物做出的总结性判断。这里暗含着理论的成立存在必要的前提,也就是通常所讲的理论假设和情景依赖,脱离了假设与"情景"谈理论的价值与应用,就可能"不得要领"或"张冠李戴"。它告诉我们在关注理论内容的同时,还要关注理论蕴涵的条件、假设以及系统情景。

综上可见,尽管管理研究取得了很多的成果,但直接以"情景"为研究对象明显不足,更不用说开展深度的研究。这也是管理研究仅仅用定性方法或者定量方法无法全面深刻地揭示问题本质和演化规律的重要原因。对很多深层次复杂管理问题的认识、理解甚至解决,如果缺少了"情景"的嵌入,其缺陷是显而易见的。

第二节 管理研究中的情景性质及其产生机制

一、决策情景的演化路径多样化

若把决策方案功能开始释放的时刻当作"现在",把决策方案功能完全衰退的时刻当作"未来",决策情景的演化路径就可以理解为是决策环境从"现在"到"未来"的变化轨迹,即决策环境在决策方案功能开始释放到决策方案功能完全衰退(即决策方案效用期)的状态的变化轨迹为决策情景的演化路径。这里,决策情景的演化路径包括三个要素:"现在"的决策环境的状态、"未来"的决策环境的状态、连接"现在"与"未来"的环境状态的变化轨迹。以长江三峡水利枢纽工程为例,蓄水之前整个长江下游的水质、泥沙含量、河道深度等决策环境状态是"现在",蓄水之后的这些环境状态是"未来",整个长江下游水变得更干净、含泥沙更少、长江河道更深了是决策环境的变化轨迹,三者构成了决策情景的三要素。

需要说明的是,真实的决策情景路径只是所有可能情景的演化路径中的一种,这是因为真实会发生的"现实"只有一个;决策情景的演化路径产生是一个集合,只要决策情景演化路径的任一要素不同,决策情景就不相同,所有可能的决策情景称为情景簇。

根据决策环境的"未来"状态的不同类型,决策情景有两种不同的演化路径:

第一,若决策环境的"未来"状态是一个已知的点:已知"现在"和某一特定"未来"的决策环境状态、探索决策环境状态的变化轨迹(见图2-1a)。从几何学的角度来看,就是已知两个不重合的点,即决策环境的"现在"和"未来"状态,描述这两点之间所有可能的连接线,包括直线和曲线,即决策环境状态的变化轨迹。对交通流量问题而言,可能是由于自然环境变得更好,吸引了更多的旅游者,也可能是国家出台了新的投资政策,使经济环境更加有利于投资等,虽然原因有很多,但最终都导致了交通流量增大。

第二,若决策环境的"未来"状态是一个未知的点集:把"现在"的决策环境状态作为起始点,在决策方案效用期里描述决策环境的可能的/可选择的"未来"状态(见图2-1b)。从数学函数的角度来看,这就类似于一个一对多的点集映射,集合A中只有"现在"的决策环境状态这一元素,集合 B 中是"未来"的决策环境状态,其元素个数并不确定,且从集合 A 到集合 B 的映射关系也是我们需要去关注并试图描述的。同样是交通流量问题,国家出台的新的投资政策,可能会吸引外来的商家,也可能会使一些原有的商家破产,最终交通流量是增加还是减少呢?这是需要我们去探索并描述的。

尽管这两种不同的演化路径有着截然不同的方向,但两者也存在一些相同之处:都把决策环境状态的"现在"状态作为决策情景演化的起始点,是已知的;从"现在"到"未来"的决策环境状态的变化轨迹都是一个非空集合,且集合的元素及元素个数均是未知的。

进一步来说,对于决策情景演化路径的多样性,我们试图从决策环境的"未来"状态的不确定性范围来阐述其产生机制:

一种是决策环境的"未来"状态的连续的路径:认为所有可能的决策情景只是某一个特定的决策情景的延续,即从已存在的特定情景的演化趋势推断出决策环境的"未来"状态,因此,决策情景的演化路径是线性轨迹,是"无吃惊"的决策情景(见图 2-1c),我们能够在决策活动中推断"未来"的趋势,没有意外的决策情景出现。

另一种是决策环境的"未来"状态的不连续的路径:认为所有可能的决策情景包括最不可能的、意外的决策情景,即"大吃一惊"的决策情景(见图 2-1d)。对决策环境的"未来"状态有非常不同的描述,这是源于对新的/不确定问题认知的增加,是对当前决策假设的挑战,认为决策情景延续的先决条件是决策环境"未来"状态的选择性范围广。

由此可见,从"现在"出发,对于某一特定未来状态的情景演化路径是多样的;而且,未来状态的情景演化路径是呈趋势性发展或者出现意外的决策情景使得未来状态的不确定范围较大,这同样是由于情景演化路径多样化导致的。

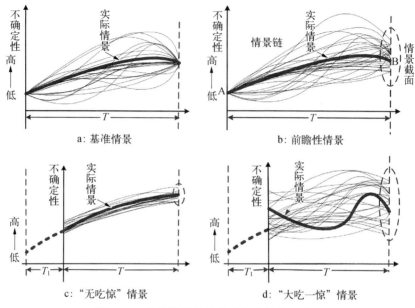

图 2-1 决策情景的演化路径多样化示意图

二、决策情景不确定的多重维度

不确定是一个多维概念,重要的维度包括不确定的性质(nature of uncertainty)、不确定的程度(level of uncertainty)以及不确定的位置(location of uncertainty)。

(一)决策情景不确定的性质维度

性质维度关注决策情景不确定的特性,可分为模糊的认知不确定和本体不确定。这种不确定是由于缺乏对决策情景的知识(如认知的或知识的不确定),引发决策问题中涉及的各种行动者呈现多结构(如模糊性或认知不同),或者由于决策情景固有的可变性(如固有的不确定性质,有时也称为本体的不确定)。因此,不确定的性质关系到应对不确定的策略选择;如果不确定性质是模糊的,可结合决策系统结构和决策支持方法来解决。在决策实践中这两种性质的不确定往往会同时出现,如决策环境未来的发展状态以及决策方案的选择等。

(二) 决策情景不确定的程度维度

程度维度关注决策情景不确定的度,即在完全确定到完全不知的连续统一体中,不确定显示出它自己所处的位置。广泛地说,不确定程度是对事物或结果可能性的分配。在有些情况下,一个事件或结果可以用数字来表示;但在另外一些情况下,一个事件或结果会使用更加不确切的说法,如"更可能""较少可能"或者"等可能"。从完全确定到完全不知的五种不同的不确定程度如下:程度 1 的不确定——公认不确定,当我们承认事物或结果不是完全确定的,但不愿或不能够使用任何精确的方法来测量这种不确定的程度的情况。程度 2 的不确定——浅度不确定,不确定的可能性或似乎合理的结果可用概率来列举。程度 3 的不确定——中度不确定,可根据可能性对结果的概率进行列举并排序,但不能列举这些概率彼此间"更可能"或"较少可能"的精准差异量,即我们能够说出它们是否"更可能""等可能"或者"较少可能",但是不能或不愿进一步定量化。程度 4 的不确定——深度不确定,不确定可以列举,但是由于各种原因,比如,决策者或专家对于这种可能性不能达到一致或不知道,甚至不能对不确定进行排序。深度不确定通常起源于决策问题的多重尺度。程度 5 的不确定——极端不确定,此时,甚至不能列举出各种可能性,但是认为有可能出现"错误的"或者"吃惊的"的可能性结果。

事实上,在管理研究中,以上五种程度的不确定都会遇到。当变动的决策环境的作用机制仍然未知时是极端不确定。当基于未来演化的假设相同但决策方案产生不同决策效果时是深度不确定。中度不确定是根据感知的可能性对管理实践中使用的几种决策方案情景进行排序、分类。浅度不确定是根据用户定义的相关阈值和预测的反映对决策方案概率的预测。推断并预测决策的社会环境变化程度的趋势是公认不确定。

(三) 决策情景不确定的位置维度

第三个维度是不确定的位置,即表明不确定的对象。从宏观的角度来看,决策的不确定位置主要包括决策方案、决策目标、决策环境、决策方法等。决策方案不确定是指决策者不能从决策方案集中做出唯一的选择,或者是因为找不到决策方案,即对所选的唯一方案不确知。决策目标不确定是对决策方案功能而言,决策方案功能是不确知的。决策环境不确定是我们对未来环境的不确知,即我们无法准确知道环境在未来的变化路径及表现状态。决策方法是我们对于决策问题的解决方式不确知。从微观的角度来看,在决策方案、决策目标、决策环境、决策方法中均又包含具体的不确定位置。如决策环境中,既有社会经济的不确定,又有自然生态环境的不确定;在决策方法中,既有模型的不确定,又有数据的不确定以及状态、参数的不确定等。

情景不确定意味着有一系列可能的结果,但是不能很好地理解导致这些结果的机制,因此,不可能指定任何一个可能结果发生的概率。即情景只能表明什么可能发生,但无法表明发生的可能性大小,因此未来情景是深度不确定。

三、决策情景的多重时间尺度集成

若决策情景没有演化,就没有决策方案功能的释放,那么谈决策情景就毫无意义;正因为决策情景的演化路径是有时间长度的,因此说决策情景在时间上表现为决策情景的动态性。如卡拉库姆运河工程,在运河刚刚开始投入使用时,生态环境是良好的,而现在生态环境遭到严重破坏,即生态环境状态发生了变化,我们称这一过程所用的时间为该决策情景的时间尺度,即决策情景演化路径的时间长度。

需要说明的是:决策情景都有自身的时间尺度,这是决策情景及其时间尺度的定义所赋予的,决策情景都具有各自的演化路径,因此具有各自的时间尺度;不同决策情景通常具有不同的时间尺度,即使是在同一决策活动中,由于不同决策方案的效用期的长短不同,决策情景的时间尺度也会随之改变;具有相同时间尺度的决策情景通常也是不同的,即使具有相同的"现在"和"未来"的决策环境状态,决策演化路径的多样性也会使决策情景不同。

根据决策情景演化路径的时间长度的不同,可将决策情景分为小时间尺度决策情景、中时间尺度决策情景以及大时间尺度决策情景。小时间尺度决策情景对应的演化路径的时间长度相对较短,大时间尺度决策情景对应的演化路径的时间长度相对较长,中时间尺度决策情景则居于两者之间。

对于决策情景不同时间尺度的划分,并没有明确指出不同时间尺度对应的时间段到底是多长,比如说30年或100年之类的,而是根据决策情景的不确定性程度来界定。通常,小时间尺度决策情景带来的是浅度不确定性,中时间尺度决策情景带来的是中度不确定性,大时间尺度决策情景带来的是深度不确定性。这是因为决策情景的时间尺度越大,不确定性程度就会越大,从而决策的难度也就越大,同样的决策环境和工程要求,有效期为100年的大桥自然比30年的大桥更加难以决策。

然而,在决策活动中,往往不止一种尺度的决策情景,即大时间尺度决策情景中往往包含小时间尺度及中时间尺度决策情景,中时间尺度决策情景中往往也包含小时间尺度决策情景,可以说,决策情景往往是多重时间尺度的集成。

四、决策情景的涌现

决策情景既有生成的部分,即前面讲到的"无吃惊"的决策情景,是能够根据已有决策情景的演化趋势推断出来的,因此是"可预期的";决策情景也有涌现的部分,即前面讲到的"大吃一惊"的决策情景,是"新奇的""不可预见的",这是决策环境在演化过程中产生的涌现现象,决策环境新的"未来"状态的产生也称为情景涌现。

决策情景涌现性通常起源于决策问题的长时间尺度,归根结底在于决策环境系统结构发生变化。首先,环境系统内部要素存在差异性和多样性。环境系统不仅包括自然、社会、经济环境等,而且各个子系统又包含众多不同的系统要素；在长时间尺度中，环境系统会增加一些新的要素，一些原有的要素也可能会消亡，从而导致系统的要素种类及数量发生变化。其次，环境系统要素间的关联也不是一成不变的。环境系统要素之间、子系统之间、要素和子系统之间的相互作用，且各要素之间会形成一定的层次或网络结构，这种结构随系统的演化进程而不断变化。决策功能是情景涌现的表示，追求的是决策方案系统与环境系统的平衡态，包括物理功能、涌现功能，具体来说：

第一，物理功能是决策方案能够适应决策环境。卡拉库姆运河工程的物理功能就是浇灌万亩沙地以及绿化美化环境，这条运河河水滋润了干燥的卡拉库姆大沙漠，已使沿途50多万公顷的荒地和1500万公顷的牧场得到了灌溉；绿色的田野、林带、果园，在这些绿色之中又点缀着红色的机车、银色的高楼、黄色的麦垛等。

第二，由于决策方案与决策环境的交互作用，使得决策方案产生新的功能，即决策情景的涌现功能。涌现功能是决策方案能适应"创造"的新环境，是由决策方案带来的环境的新变动。阿姆河被运河夺走了大部分水量，使咸海的来水量大大减少，水位明显下降，运河通过酷旱的沙漠带，蒸发、渗漏极其严重，虽然运河给生态环境带来了不利的影响，但运河并没有涌现功能。都江堰大型水利工程在体现引水灌田，分洪减灾，"分四六，平潦旱"的物理功能的同时，其渠首枢纽的鱼嘴、飞沙堰、宝瓶口三大主体工程也是著名的旅游胜地，为决策情景的涌现功能。

决策功能对决策情景涌现的表现如图2-2所示。其中，横轴表示时间，纵轴表示环境系统不确定性，原点表示决策开始实施。T_1是前期决策阶段，此时需要考虑较全面的情景集，包括一些极端情景。T_2是决策方案的生命期，以决策开始实施为起点，到决策功能衰退为终点。基于前期决策极端的情景分析，做出对环境的最可能的不确定程度相适应的决策方案物理功能，如图中粗虚线所示，它针对环境系统某一不确定程度保持决策功能，直至功能衰退。在决策实施初期，决策方案系统与环境系统达到短暂的第一阶段的平衡,能够发挥决策功能。经过一段决策方案实施时期 t_1,由于决策方案系统对环境系统产生作用,使得环境系统的不确定程度增加,此时出现决策方案涌现功能来适应变动的环境。又经过时间段 t_2,决策方案系统与环境系统之间达到第二阶段的平衡。如此反复,随着时间的推移,决策方案系统与环境系统之间通过涌现功能不断出现适应阶段和新的平衡阶段,直至决策物理功能的衰退。值得一提的是,环境不确定增加会使新的平衡期越来越短。因为时间尺度越大,环境系统的不确定越大,就会涌现更多的未来情景,从而导致决策方案涌现功能越来越短暂地要适应涌现情景。可以看出,情景涌现是由于深度不确定造成的,表现为决策方案功能的涌现。

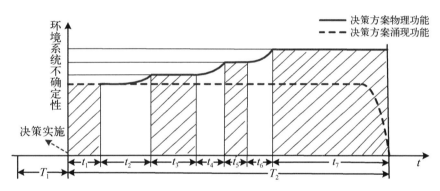

图 2-2 决策功能对决策情景涌现的描述示意图

根据决策情景的涌现现象发生的时间先后顺序,决策情景可分为以下两种涌现现象:

一是决策情景的正涌现。在决策方案形成前对决策情景预期"大吃一惊"的变动为决策情景的正涌现,此时的决策活动面临的是决策情景正问题,即决策方案形成前对工程全生命期情景变动预期的应对。

二是决策情景的逆涌现。在决策方案功能释放后引发的决策新环境"大吃一惊"的变动为决策情景的逆涌现,此时的决策活动面临的是决策情景逆问题,即决策效果释放后对引发的工程新环境系统破坏性情景涌现的防范。

总之,决策功能要体现决策方案对深度不确定的情景的适应性。我们用极端情景作为决策方案情景适应性的底线,也就是说,如果决策方案能够很好地应对极端情景,即在极端情景仍能保持决策功能,包括物理功能和涌现功能,我们说决策方案具有适应性。

五、决策情景的非均匀分布

决策情景的不确定性意味着有一系列概率不可知的决策环境的"未来"状态,假设单一情景发生的最小概率值到最大概率值的区间构成情景不确定范围,所有情景的不确定范围构成不确定区域,决策情景是非均匀分布的,主要体现在以下两个方面:

第一,单一决策情景可能发生的概率值在其不确定区间是非均匀分布的,即不确定区间的每个概率值出现的机会并不是相同的。

第二,所有决策情景在整个不确定区域所处的位置也是非均匀分布的,即每种情景可能发生的概率不同。

以上性质具体如图2-3所示,图中每个矩形代表一种情景,矩形底端表示不确定最小概率值,矩形顶端表示不确定最大概率值,从上部到下部的距离表示该情景的不确定范围。从中可以看出,每种情景都有各自不同的不确定最大/小概率值,从而使其具有不同的不确定范围。所有情景不确定最大概率值的最大值作为不确定区域的最大值,不确定最小概率值的最小值作为不确定区域的最小值,从最小值到最大值构成整个不确定区域。为了更加直观地观察情景的非均匀性,在

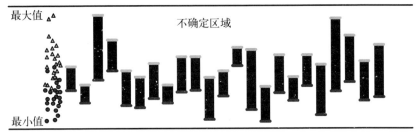

图2-3 决策情景的非均匀分布示意图

图的最左部,分别用三角形和圆点表示各种情景的不确定最大值和最小值。从中可以看出,所有圆点在整个不确定区域并不是均匀分布的,这是由情景深度不确定导致的。

正因为决策情景的非均匀分布,在决策情景演化过程中有时会出现"令人吃惊"的情况,往往不在不确定区域的集中部分,而是不确定值较小的位置。在决策活动中,假设预测会发生8级以下的地震,决策方案的物理功能是能够抵御8级的地震,认为不可能发生更大级数的地震,那么现实中发生了10级地震,发生10级地震就是"令人吃惊"的决策情景。

六、决策情景对未来的非预测性

决策活动的根本目标是提出一个好的决策方案,对于具有一定不确定(如随机性、模糊性、粗糙性等)的决策问题,为了做好决策,即决策方案在整个决策生命期内有效、有用,人们通常试图将决策问题的未知部分转化为已知的部分来作精确预测。

一方面,决策情景通常暗示着这样的假设:大多数决策环境的"未来"状态是不能证实的,这是因为真实的决策环境的"未来"状态只有一种。因此,决策情景应"延伸"到思考未来状态,并拓宽可能的可选择未来的范围,即探索未来状态的不确定范围较大的情况。

另一方面,决策情景并不追求尽可能精确地预测最可能发生什么,而只是表明什么是合理的、可能发生的。在决策活动中,决策者总是试图用有限个、可理解的决策情景来描述决策环境的"未来"状态的不确定性范围;通过识别具有高度不确定且对即将到来的决策问题具有深远影响的因素来解决上述问题,但是,该方法只有当涉及的行动者相对较少且他们的利益和担忧已知并在一定程度上重叠时才会有效;而且,如何最好地代表小的情景集合中所有不确定因素的多样性也是持久的挑战。当然,这是十分困难的,尤其是对于大尺度决策情景而言,不确定性因素更难识别。

第三节 管理研究中的情景可计算模式

一、情景的可计算性

社会系统的"可计算性"是关于社会系统情景的"可计算性",且这种"可计算"是指计算机在社会系统中的三类应用——模拟、计算,实验和能否在计算机中可实现。因此,在这个意义下,社会系统会出现这样的状况:有时是"可计算"的,有时是"不可计算"的。"可计算"与否既取决于社会系统情景的结构类型,又取决于如何应用计算机。

社会系统"计算"的结构模型(见图2-4)分为三个层次:一是实际问题层次,即物理世界层次;二是概念模型层次,即逻辑技术层次;三是计算模型层次,即应用实现层次。

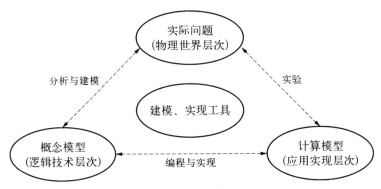

图2-4　社会系统"计算"的结构模型图

正如"复杂"与"复杂性"存在着区别一样,"计算"与"可计算性"也存在着明显的区别。"可计算性"事实上是对"计算"的性质、特征、程度的计量,而"计算"只是表示利用计算机求解社会系统情景的过程。鉴于以上的概念陈述和社会系统计算的结构模型,假定在整个过程可以表示为有限数量的函数簇 $\{f_i\}(i=1,2,\cdots,N)$,社会系统情景的可计算性定义如下(梁茹 等,2017):对于某一社会系统情景,如果函数

簇中每个函数 $f_i(i=1,2,\cdots,N)$ 都是可计算的,即如果函数 f_i 的定义域是 D_i,值域是 R_i,且存在一种算法,对 D_i 中任意给定的 x,都能在有限步内计算出 $f_i(x)$ 的值,则称社会系统情景是可计算的。

由上述定义可知,社会系统情景的求解方案只要能够表示成有限的计算机函数处理逻辑单元,且每个单元能够在有限步内进行求解,则该社会系统情景是可计算的。

需要说明的是,社会系统情景一般是结构化情景、半结构化情景及非结构化情景并存,理论上严格的有限步求解是很少的。因此,社会系统情景一般是不能通过严格的有限步求解形成的,如同一个算法,只能在一定的近似意义下,通过有限步求解来构建社会系统情景模型。这样一来,就存在真实情景的"真正的"无限步情景与"近似的"有限步情景的误差,这也是一般的理论模型与实际模型通常存在的现象,此时可根据需要确定偏差的可接受范围,并据此来确定有限求解步数来生成真实情景的近似替代情景。

二、情景的可计算模式建构

社会系统多元情景的计算模式构建是情景近似可计算的构建过程,是实际情景到概念情景、概念情景到结构化情景、结构化情景到计算机实现的三阶段分析且不断循环迭代逼近的过程(见图2-5)。

(一)从实际情景到概念情景

社会系统的实际情景在被研究者感知、认识后会形成一定的"概念情景"。一般而言,人们对"实际情景"的认知有直接途径和间接途径之分。其中,直接途径是人们通过其五种感官(视觉、听觉、味觉、嗅觉和触觉)的功能,形成对"实际情景"的切身感知与认识;但直接认知途径不可避免地受到多方面的限制,如自身能力、经验、知识、视角以及立场等都会影响其对"实际情景"的认知结果,因此,不同的人可能得出不同甚至相反的结果。间接途径是通过获取、理解与加工他人现有的对"实际情景"的认知信息来形成认知。同样地,即使面对相同信息,不同的

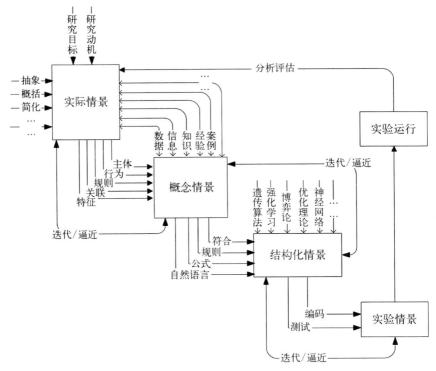

图 2-5 情景建模的全过程技术框架图

人也会因目的、视角、能力等差异而产生认知差异,甚至出现认知的"二次"失真。在实际情况中,人们常常综合运用直接途径和间接途径去认知"实际情景"。由此可见,在从"实际情景"到"概念情景"的转化中,人的主观性及其他因素,使认知差异与认知失真是客观存在的,有必要注重在实践、实验和经验的基础上充分利用专家定性的经验与知识,通过各种技术和方法减少不必要的曲解或失真。

因此,无论人们通过何种途径认知社会系统,最终都是在头脑中形成映像并产生相应的概念,把社会系统抽象为概念模型和知识模型,并用定性的方法和定量的方法等来描述这些概念模型和知识模型,进而将现实社会情景转化为研究者思维中的概念情景。同时,在这个转化过程中,必然包含了研究者基于特定研究目的、研究视角等对"实际情景"的抽象、简化、概括等,并在此基础上潜移默化地选择"实际情景"中某些不同的"情景"及其主要构成。其中,结构化部分的描述多采用定量知识表达、非结构性部分的描述多采用定性知识表达。同时,在该阶段中,无论定性知识还是定量知识在起初都是相对粗糙、模糊的;但是,随着研究者基于特定研究目的从不同研究视角对"实际情景"的深入分析与认知,逐步实现"概念情景"的清晰化与系统化。因此,从"实际情景"向"概念情景"的转化,必然体现通过一个比较无序、比较非结构、比较模糊、比较非优化但不断改进、不断完善的系统序列实现对一个复杂"实际情景"的认知。

尤其是,"实际情景"的复杂性会导致研究者在一开始认识和分析问题时只能以描述的方式说明其外在的表现特征,用语言表达思辨性内容,用经验判断并灵活地建立"概念情景"。这一方面符合人们擅长自下而上、自个别到一般的认知特点,同时也符合复杂性问题中非结构化的模糊性和难以精确量化等特征。在这一过程中,研究者的归纳、理解能力以及知识和经验发挥了本能的作用,并为进一步采用标准程序和精确手段将"概念情景"转化为计算机可重构的"结构化情景"、严密和精细化界定"情景"的深层关系和规律奠定了基础。

(二)从概念情景到结构化情景

通过对"现实情景"感知得到的"概念情景"常常呈现出非结构化等特征。由于"实际情景"的整体性强且与外部环境联系密切,在"概念情景"阶段,研究者往往无法对"情景"及其要素有较为清晰的认识和理解。尤其是为了能够在计算机上重构社会现象的基本情景,并以此为基础在计算机上再现社会现象的过去、现在和未来,研究者需要在一定意义上通过各种方法把"概念情景"中半结构化甚至非结构化"情景"转化为"结构化情景",这些结构化情景与"概念情景"中那些结构化部分一起构成"可计算情景",为对反映社会现象本质特征的故事情景进行"情景空间"意义下的计算机重构奠定基础。

值得一提的是,"结构化情景"不等同于结构化数学模型,它比结构化数学模型含义更广,例如,一定的逻辑关系与一定的规则或法则均可以为一种结构化。虽然这时也会丢失一些(甚至不少)不能被结构化的"情景",但这一过程可使研究者进一步把"实际情景"抽象和符号化,提取"结构化情景"中的主体、行为、结构、关联、规则等,从而使社会故事中的基本情景成为计算机能够"读懂"的结构化与逻辑关系明晰的"情景要素"(见图2-6)。

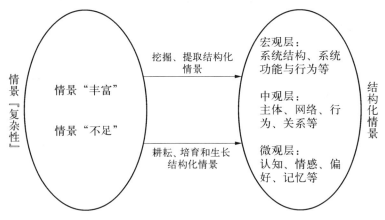

图2-6 结构化情景的产生图

同时,在"结构化情景"的形成过程中还应综合运用多种定量结构化技术与方法,如数据采集与分析、信息编码、数据挖掘、数据耕耘等;更有效的做法是通过科学与经验、理性和感性、定性与定量方法的有机整合,达到对"概念情景"的系统分解、精准认识与系统综合。因此,从"概念情景"到"结构化情景"的转化也是一个多阶段组成的复杂演进过程。

同时需要指出,"结构化情景"的直接出发点是用逐步精确化、结构化的系统序列来提取"情景要素"以易于建模并程序化,研究者仍需在综合权衡研究目标与分析能力、可行性与必要性、效果与效率等基础上,选择恰当的"情景要素"来描述粗粒度的"情景"。

(三) 从结构化情景到计算机实现

社会系统结构化情景的计算机实现是以社会系统结构化情景为核心，对反映社会系统的实际情景进行"情景空间"意义下的计算机重构，计算机实现是通过"一个"或"一些"实际社会系统情景或预定义与假设，对"一类"具有相同本质特征和动力机制的基本社会系统实际情景一致基础上的"情景空间嵌入"，并通过在计算机系统中"再现""培育"和"生长"这类社会系统实际情景，开展社会系统实际情景的分析、解释、预测、管理和控制研究，具体过程见图2-7。其中，虚线框部分是数据结构，虚线描述数据流动方向；实线框部分是计算模块，实线表示计算流程。

此外，在具体计算机实现过程中，还需要关注以下方面：

(1) 系统环境的建模。在建模的过程中需要将系统环境与主体之间的关系考虑进去。实际上考虑环境与主体之间的关系就是建立环境模式转换的过程。例如，可以将环境变量看成是时间变量、主体活动等因素的函数表达式。

(2) 主体对象的建模。情景建模不是也不可能是对社会模型的完全复制，而是有选择地提取模型特征，创造性地构造模型表达方式的过程。例如，在谣言传播的过程中，对参与主体进行抽象时，并不需要将每个个体的身高、体重、肤色等无关于问题研究的属性特征抽象出来表现在情景模型中，而每个人面对谣言的态度这一属性特征，则需要对其进行抽象，并用恰当的方式在情景模型中表达。

(3) 主体演化规则的设计。主体是模型的中心，主体行为规则的设计是系统建模的关键，在模型行为规则的约束下，主体在系统环境中经过多个周期的不断迭代，也揭示了系统的演化趋势。主体的演化规则受到多方面的影响，除了受到自身条件限制外，还会受其他行为主体的影响，甚至和其他行为主体之间有着某些制约关系。例如，在产业集群的情景建模过程中，单个企业的演化受到自身资源的限制，不能够任意提高自身的成长速度；同时还与其他企业之间存在着竞争（合作）关

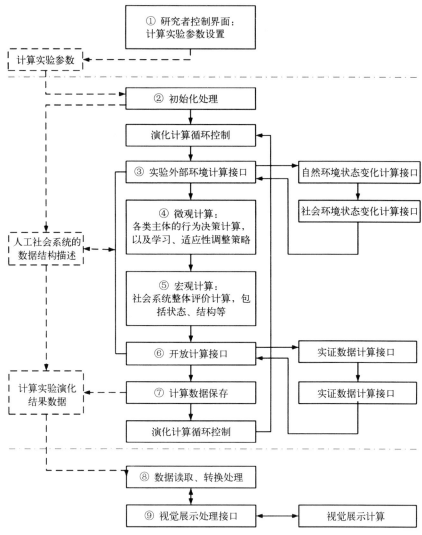

图 2-7 结构化情景的计算机实现的一般框架结构图

系,这种竞争(合作)关系也包括了供应链上下游之间的交易过程。

(4) 系统模型数据结构的设计。主体在系统内部的演化中存在着各种演进方式,其中包括主体与主体之间的数据交互、主体与环境之间的数据交互、主体自身属性的遗传变异等。这些交互或者遗传变异的过程中都伴随着系统属性数据的变化,这些系统数据的交互演变,可以看作数据结构之间的操作。通过适当的数据结构描述来表达社会系统的结构,解决情景建模"计算什么"和"如何计算"的问题。例如,在谣言的传播过程中,系统主体构成了一个复杂网络,这一网络结构反映了主体之间的交互关系,可以借助数据结构设计来合理表达信息的传递、主体属性的演进等数据处理过程。

(5) 数据分析与可视化表达。在系统的演化过程中,会产生大量的中间结果,对这些中间结果进行分析和处理,可以得到许多有意义的启发与暗示,这就需要在模型中采用统计分析等数理方法。另外,除了中间数据的处理之外,在系统演化的过程中,还需要将模型的具体表达用形象的方式展示在计算机上,这就需要建立模型的可视化空间,以便让人们更直观地看到系统的演化过程,更形象地揭示系统的演化规律。

本篇小节

本篇主要从关于情景认知的回顾与评述以及管理中的情景本质两个方面来阐述情景在管理学中的意义。

在关于"情景"认知的回顾与评述部分,从情景的来源出发,首先介绍了情景在"情感与景色""某一特定时间和特定空间的具体情形"以及"能够诱发某种特定情绪的场景"三个方面的主要内涵。接着,从"情景是一种对未来的假设""情景包括的是事件序列而非单独的事件""情景关注因果关系""情景构建的目的在于帮助决策"以及"情景具有内部一致性和可信性"几个维度阐述情景特征,并进一步对"情景"与"情境"进行辨析。

在管理中的情景本质部分,首先基于管理研究中的情景内涵,阐述管理研究的情景需求。接着,详细分析了管理研究中的情景性质及其产生机制,包括决策情景的演化路径多样性、决策情景不确定的多重维度、决策情景的多重时间尺度集成、决策情景的涌现、决策情景的非均匀分布以及决策情景对未来的非预测性等。最后,界定了情景的可计算性内涵,并构建了管理研究中实际情景—概念情景—结构化情景—计算机实现的情景可计算模式。

第二篇

管理学研究中的情景理论

第三章
管理研究中方案功能与环境的长尺度耦合

第一节 决策方案质量评价

人类的决策活动古已有之,从人类社会的初级阶段就存在决策活动,但决策由早期朴素的思想发展成为决策分析直到现在成为横跨自然科学、社会科学和数学科学综合性的决策科学(decision sciences),是20世纪40年代以来的事。

一、决策认知发展

决策理论的发展大致经历了决策效用理论、统计决策理论、多目标决策理论、群决策理论、集成决策理论等几个阶段(见图3-1)。

(一)决策效用理论

有论文利用概率来反映状态的随机性,引入效用的概念并论述效用函数的可能形式,且以期望效用作为择优的度量指标。首先提出主观概率思想,为不确定性决策提供了描述工具。接着,将主观概率和效用思想相结合,给出主观期望效用的轮廓和要点,为不确定性决策理论的建立做出重要贡献。同时,又在主观概率结构的研究方面取得进展。以上工作,都为决策效用理论的建立准备了前期条件。20世纪40年

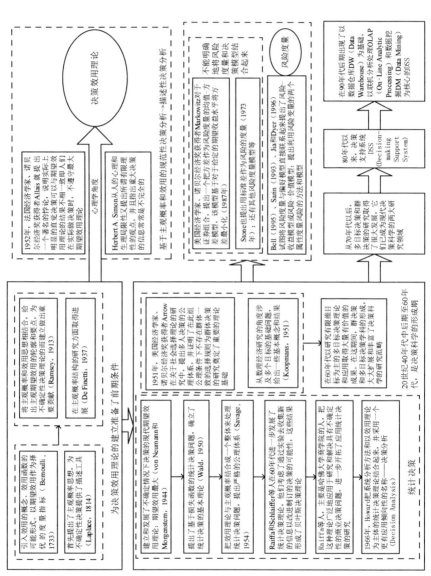

图 3-1 决策理论的发展阶段

代中后期至60年代是决策科学的形成期,von Neumann 和 Morgenstern (1944)建立和发展了不确定情况下决策的现代期望效用理论。他们提出了一组公理(期望效用理论隐含的基础性假设):

(1) 抵消性:在面对不同选择时,有相同结果的事件可以相互抵消,人们只关注具有不同结果的选项;

(2) 传递性:不同选择的期望效用具有传递性;

(3) 占优性(择优性):如果 A 选择在至少一种状态下的结果优于 B 选择,而且在其他状态下的结果至少与 B 选择一样好,即 A 占优于 B,则决策者应该只会选择 A;

(4) 无差异性(恒定性):对同一选择的不同描述方式对决策者的偏好不会产生影响,即人们对具有相同结果和不同表现形式的选择的判断是一致的;

(5) 完备性:人在评估两种方案 A、B 时,要么认为 A 优于 B,要么认为 A 劣于 B,要么认为 AB 无差异。

他们还指出当满足公理体系时,能对决策问题的各种后果设定效用,而且人们决策最喜欢的方案必定是期望效用最大的方案。同时,他们关于对策论的开创性工作为对抗性决策的研究开辟了方向。

(二) 统计决策理论

Wald(1950)提出了基于损失函数的统计决策问题,确立了统计决策的基本理论。Savage(1954)把效用理论与主观概率结合成一个整体来处理统计决策问题,提出严格的公理体系。Raiffa 和 Schlaiffer (1968)等在60年代进一步发展了统计决策理论,他们考虑了通过实验去收集新的信息以改进制订的决策的可能性,这些结果形成了贝叶斯决策理论。与此同时,这种理论也广泛地应用于研究和解决具有不确定性的商业决策问题,进一步开拓了应用统计决策的研究。Howard(1966)把系统分析方法和以效用理论为主体的统计决策理论结合起来,并采用了一个更有应用倾向性的名称——决策分析(Decision Analysis)。

(三) 群决策、多目标决策

1951年,美国经济学家、诺贝尔经济奖获得者Arrow在关于社会选择理论的研究中,提出多人决策的公理体系,并证明了在此组公理条件下不存在群体一致的选择规则。Arrow的这一所谓不可能性定理,为群体决策的研究奠定了重要的理论基础。同年,Koopmans(1951)从数理经济研究的角度涉及多个目标的基础问题,给出一些基本概念和结果。此后,在20世纪60年代以研究有限维目标为主的多目标决策理论和应用取得大量有价值的成果。在这期间,群体决策和多目标决策学科的形成,大大扩展和丰富了决策科学的研究范畴。

从70年代以后,多目标决策和群决策的研究取得了很大发展,它们已成为现代决策科学的两大研究领域。如今,以多目标最优化理论和方法为研究核心的多目标决策,已发展成具有众多分支领域的庞大学科。目前,群决策已是一门包括由群体偏好分析、群体效应理论、社会选择理论、专家评价技术、多人对策和多人协调理论,以及群体多目标决策等众多研究方向的实用决策学科。

从决策科学发展现状来看,存在着两个不同的研究方向:一是从理论上探讨人们在决策过程中的行为机理,这一方向又包含两个问题——描述性决策分析与规范性决策分析。所谓描述性决策分析是研究人们按照什么准则、什么方式做决策是合乎理性的,像期望效用理论(von Neumann et al,1944)、后悔理论、展望理论就是这一方面的研究成果。其中期望效用理论是被大家广泛接受的理性选择的规范性模型,它也是经济行为的描述性模型。

在规范性决策模型方兴未艾之时,一些学者却从心理学角度加以审视,考察这些规范性决策模型在行为中的真实性:人们的实际决策行为是否与von Neumann和Morgenstern(1944)以及Savage(1954)的理论相悖?法国经济学家、诺贝尔经济奖获得者Allais(1953)就提出一个著名的悖论,说明实际上明显的直觉决策可以与期望效用理论的结果不一致,即人们在实际做决策时,不遵守最大期望效用理论。由于这一悖论,一些学者认为基于主观概率和效用的规范性决策理论是不完善的。他们主张决策理论应该是描述性的,从而引发了行为决策的研究。Herbert A. Simon 在关于管理决策的研究中,从人的心理和生理局限性又提出所谓有限理性的观点,并且指出重大决策的信息常常是不完全的。从此,以描述性为主要内容的行为决策,也成为决策科学的另一个重要的研究领域。同时,在行为决策研究中提出对期望效用理论的种种质疑,又促进了该理论的继续发展。

另一方面,虽然期望效用理论是被广泛接受的风险型决策的理性方法,然而,该决策准则不包括风险变量,当然也没有明确给出度量风险和收益的方法。而经验研究表明面对风险型决策,人们做决策时除了考虑采取的行动或方案的期望效用外,还与行动或方案的风险有关。这样在决策科学领域,风险的度量是个关键的问题,成为风险型决策重要的研究方向。美国经济学家、诺贝尔经济奖获得者 Markowitz(1987)对于证券组合,提出一个把方差作为风险度量的均值—方差模型,该模型基于对于给定的期望收益水平将方差最小化。Stone(1973)也提出用标准差作为风险的度量,还有其他风险度量模型等。然而,由于这些风险模型同风险偏好是分别建立的,不能明确地将风险度量和决策模型结合起来,因此在决策中这些风险度量的用处是非常有限的。

近年来,一些研究工作者如 Bell(1995)、Sarin 和 Weber(1993)、Jia 和 Dyer(1996)以及 Jia(1999)试图将风险度量与偏好模型直接联系起来提出了风险—收益模型或风险—价值模型。Bell(1995)给出风险型决策的风险—收益函数,导出了可用风险—收益解释的效用函数族。根据这些效用函数族可得期望效用与风险的度量一致。Sarin 和 Weber(1993)提出一个风险决策的风险—价值模型。该风险—价值模型将一个同时包含风险和价值的决策问题表示在一个函数中,如果用此模型进行决策可以将多目标化为单目标进行决策。在一个简单的风险—价值模型中,风险通过方差度量,价值通过期望收益度量。通过适当定义的风险—价值模型,将和适当选取的期望效用与非期望效用模型相容。Jia 和 Dyer(1996)提出一种标准型的风险度量模型和风险—价值模型。这种模型可以广泛地应用于金融风险和社会风险的管理中。1999 年,在标准型风险度量的基础上,Jia 等(1999)提出利用风险变量的两个属性度量风险的方法和模型,这是迄今为止较为一般的度量风险的方法。另外英国剑桥大学的 Pederson(2000)在 Jia 和 Dyer(1996)提出的标准型风险度量及模型的基础上,给出了一个较为一般的效用函数,由此效用函数和标准型风险度量可得到,以前许多风险度量模型均为该效用度量模型下的特例;而且推广了 Harry Markowitz 均值方差模型的均衡版本,即资本资产定价模型 CAPM(Capital Asset Pricing Model)。它是由与 Markowitz 一同获得诺贝尔经济奖的另外两位美国经济学家 Sharpe 和 Lintner 在比较强的市场假设下得到的。Howard(1988)指出决策分析的重要作用是将一个开始没有明确定义的实际决策问题通过一系列步骤转化为一个明确的决策问题,即决策科学的一个重要任务是对实际问题模型化,转化为决策问题进行研究。这也是决策科学的第二个研究方向。如将一些典型的具体问题模型化,以指导实际决策过程。这些实际问题涉及许多方面,如新产品的开发、新技术推广、企业战略、冲突决策、广告和环境保护等。

(四) 决策支持系统

进入 20 世纪 80 年代以来,随着计算机和信息、通信技术的而发展,决策科学的研究也得到了极大的促进,并产生了计算机辅助决策——决策支持系统 DSS(Decision Support System)这一新的研究方向。决策支持系统利用计算机的最新技术,如交互式计算机系统、大容量的外存装置、多样化的外部设备、数据库技术、数据通信网络等,在原有的管理信息系统 MIS(Management Information System)的基础上增加了模型库和知识库,使得整个系统具有一定的人工智能功能。因此,能够从一定程度上代替人们对一些常见的问题进行决策分析,而且利用决策支持系统许多大型的决策优化问题在计算机的帮助下也能够解决了,复杂的群决策问题在计算机和通信技术的辅助下,在应用方面也取得了很大的进展。

随着计算机数据库技术的发展,在 20 世纪 90 年代后期出现了以数据仓库 DW(Data Warehouse)为基础、以联机分析处理 OLAP(On-Line Analytic Processing)和数据挖掘 DM(Data Mining)为核心的 DSS。通过数据仓库技术,完全可以将数据资源管理规范化、细致化,并且按一定的层次来管理数据;而通过 OLAP 技术则可向决策人员提供有效的动态实时分析工具。因此,一个成功的 DSS 可以说是数据仓库、联联机分析处理和数据挖掘的完美结合的产物,即 DSS = DW + OLAP + DW。

二、决策问题认知

决策问题认知经历五个阶段。

阶段一:人类的决策活动有着悠久的历史,但把决策作为一个专门领域来研究只是近一两个世纪的事情。而在决策研究开始之前,人们做决策,无论大小,均是定性地凭借自身直觉去做判断。人们对决策问题本身并没有定量的、精确的认知。

阶段二:人们开始试图研究决策问题,将决策理论化、科学化。20 世纪 50 年代以后,具有严格哲学基础和公理框架的决策理论体系得以建立并蓬勃发展。但是,其仅对于信息完全、不确定因素少并且概率可测的简单问题比较有效,而且必须满足公理假设,比如,人是理性人的假设。在这一阶段,人们对于现实中的不确定的认识(随机)仅仅是复杂世界的冰山一角,或者,人们为了精确掌控部分世界而对现实的复杂性和不确定性的暂时性的规避。

阶段三:决策理论发展逐渐成熟,并得到一系列的延伸(从单目标到多目标、从单人决策到群体决策、从一般决策到模糊决策等等)。人们试图扩大决策理论的应用范围,无论是在应用领域方面还是在问题的复杂程度方面都是如此。人们发现单一目标、一个人拿定主意、简化不确定因素已经不再符合实际,于是建立多目标、多准则决策理论权衡各目标、各标准以得到满意解,但此时,决策的目标和标准依然局限于决策问题的单个或多属性效用综合的最优或满意。通过群体做决策避免个人偏好和不理性的决策失误带来的损失，用模糊等方法试图把握不确定性。在这一阶段，人们逐步认识到现实问题的复杂性，同时也为了让传统的决策理论应用更广，通过对方法的改进来满足解决实际决策问题的需求。而事实证明，大多数传统的决策分析方法仅能帮助人们找到不确定情况下偶然的最优决策，仅能在不确定性可以用概率分布描述的情况下使用，对于其他决策问题收效甚微，因为用数理的方式来替代或精确预测不确定性本身就违背了不确定的本质（如果真的能够掌控不确定，那就不是不确定）。

阶段四：用数理的方式来替代或精确预测不确定性本身违背了不确定的本质，这里的不确定不包括概率分布已知的随机变量。了解到了不确定的本质之后，人们开始考虑如何应对现实中的不确定性，决策的目标和标准（无论单目标多目标）不再局限于决策问题单个或多属性效用综合的最优或满意，将鲁棒性（决策对不确定因素的敏感性）纳入决策评价的标准之中，直面不确定而非忽视或简化不确定。鲁棒性成为关键标准之一。尤其是对于许多具有深度不确定（deep uncertainty）特点的问题，决策者通常用鲁棒性作为评估决策的标准。深度不确定满足：无法用适当模型描述系统中变量之间的交互作用；一些关键变量概率分布未知；决策主体偏好和评价准则不一致。

阶段五：决策面对的是未来可能发生的事件，环境复杂多变、信息不充分、决策者主观因素复杂等直接影响决策的正确性。例如，复杂社会系统问题具有大量的、交互关系复杂的不确定因素，鲁棒性仍是评判决策的关键目标和标准；人的有限理性导致人的认知、行为等方面具有深度不确定性；不断提高的计算机能力进一步促进了决策鲁棒性的研究；大数据时代，信息爆炸，信息可信度，信息需筛选和挖掘等。

三、决策质量评价维度

如今，随机因素由于层次分明、纵横交错的社会结构的发展而不断增加,大工业、大农业、大科学、大工程等大系统的出现加剧了决策问题的复杂性,所以要把握住事物发展的深度、广度、速度和复杂性。

不确定性是人们不可能或无法对问题进行客观分类的情形。不确定性产生的根本原因在于世界的复杂性与人类理性的有限性之间的矛盾。在不确定性决策研究中决策分析必须充分考虑两点:一是人所不能及的自然状态的不确定性可能造成的结果,另一则是与经济行为人有关的性格特征。这也就是为什么不确定性决策的内容主要集中在决策准则和决策方法的研究上,决策准则研究的目的就是适应不同经济行为人的个性化特征。如好中求好准则(Maximax Criterion)、瓦尔德准则(Wald Criterion)、拉普拉斯准则(Laplace Criterion)等就分别适用于冒险型、避险型和中性型决策者。决策方法准则被确定了,决策方法问题也就随之获得解决。

决策的质量是决定决策效果的基础,也是决策分析所追求的基本目标。一项决策的质量如何,主要由六个因素来共同确定,包括效力、效益、适应性、及时性、远见性、可行性。

(1) 效力:一个有效力的决策能够准确地抓住问题的主要矛盾,从而使问题迎刃而解。效力,是有成效的决策者所追求的主要目标。他们需要的是决策的"冲击"而不是决策的技巧。

(2) 效益:一个效益好的决策具有最高的可能效力与成本的比值。

(3) 适应性:一个有适应性的决策适用于整个时间内都会出现的环境和情况的变化工程。

(4) 及时性:及时性是指决策的时机。在一个适时的决策中,决策方案既不会出现在问题已造成严重损失之后,也不会出现得过早,以至在问题充分暴露之前就已经失去效力。

(5) 远见性:一个有远见的决策将适用于解决未来的问题以及眼前的特殊问题。这是一个十分重要的方面。当决策缺乏足够的远见性时,就常常会导致不稳定或以派生形式多次出现的问题。

(6) 可行性：可行性是指决策是否适用于现有的约束和限制条件。决策的不可行一般有两个原因，即资源不充分以及方案与组织中某些成员的愿望不一致。

限制决策质量的因素是多方面的，通常包括人员、组织机构、决策制度和方式、资源，以及整个社会的政治、经济、科技、文化等大环境因素在内。例如，个人的价值观和个性可以大大地限制决策的质量，使其达不到应有的水平。同样，可得到的资源的质量和数量可能不足以满足高质量决策方案的需求。个人和组织对待失败的风险、争执和压力所持的态度，都会影响决策的质量。值得重视的是，信息的不足和制度上的原因，更是影响决策质量的重要因素。

第二节 管理复杂性分析

近些年复杂性科学作为一门新兴学科快速发展，也引起了管理领域学者们的广泛关注。本节以工程领域为例，从工程复杂性的内涵以及工程复杂性涉及的技术、组织结构、环境等几方面进行相关分析。

一、工程复杂性内涵研究

目前公认的复杂性内涵是指包含了许多不同的相互联系的部分，这清晰地表明了建设工程复杂性的两个层面：一是区别性层面。这一层面主要是描述了建设工程中各种元素的数量都比较多，这些不同的元素包括建设工程中需要完成的工程任务比较多、整个工程涉及的专业技术比较多、建设工程中传递的信息量比较大以及建设工程中涉及的利益主体比较多等等。二是相关性层面。这一层面主要是描述了建设工程中各个不同的元素之间的联系。建设工程中的不同的工程任务、专业技术、传递信息以及利益主体之间并不是彼此孤立的，而是存在着紧密的联系，正是这些元素之间的联系和相关性，保证了建设工程的整体性和系统性。另外,复杂性的内涵也被认为是"错综复杂的、涉及面广泛的"。这里的复杂性的内涵是开放的,因此有很多种不同的解释。例如,Gidado(1993)在其研究中将复杂性解释为任何可以以困难为特征的事物。Wozniak(1993)将工程复杂性的定义体现在九个不同的难度因素之中,这九个难度因素包括工程的边界、工程范围的清晰程度等。由此可见,这种复杂性的内涵在实质上是表现为认识和处理事物的难度,不同视角和不同领域对于复杂性内涵的界定是不同的,更多地取决于研究者的个人视角。在这种内涵之下,对研究学者而言,对复杂性的测度在很大程度上是无意义的和不可靠的。这种对于复杂性的内涵在学术研究中是不可靠的,因为其不能为作为研究对象的复杂性提供一种简洁而统一的研究基础。由于复杂性的第二种内涵并不能为科学研究提供帮助,因此本书将其忽略,同时把复杂性的第一种内涵作为研究基础,即建设工程系统复杂性是由各式各样的相互联系的部分所组成。该内涵包含"各式各样"和"相互联系"两层含义,即为"差异性"和"依赖性"两个层面。而在复杂性系统的相关文献中,学者们也经常以区别性和依赖性两个术语定义复杂性系统。复杂性是一个很难定义甚至很难精确量化的术语。因此,多数学者从自己的领域定义复杂性,并且没有对其定义达成共识。

(一)复杂性被公认为是工程管理研究最相关的主题之一

对工程的复杂维度的兴趣是在20世纪90年代末才开始的。在此期间,开始了工程复杂性的显式研究。Baccarini(1996)定义工程复杂性是"许多不同的相互关联的部分组成"并可以根据差异和依存关系进行的。在该定义中,差异是指工程(任务、专家、子系统和部分)不同组件的数量,依存关系是指这些组件之间的关联程度。Williams(1999)强调工程复杂性是结构复杂性、元素的数量和依存关系(根据Baccarini(1996)一文)、目标和手段的不确定性(根据Turner和Cochrane(1993)一文)。此外,Vidal等(2010)将复杂性分为四类:工程规模、工程元素的差异、工程元素的关联及外部环境的关联,并进一步强调这些因素构成了工程复杂性的必要和充分条件。大多数学者强调影响工程复杂性的各种元素的相互依赖和交互关系(Ivory et al,2005)。其他学者认为工程复杂性具有非线性、高度动态和涌现特性。关于工程的复杂性问题,不同的学者分别从各自的视角加以阐述。早期,Turner和Cochrane(1993)就强调了工程中的目标和方法的不确定性。就在复杂性概念引入管理领域的同时,无独有偶的是,Baccarini(1996)对工程复杂性也提出了一个相似的定义,即"包含有很多不同的相互关联的部分"。他从区别性和依赖性两个维度来构建工程复杂性的概念,并指出工程管理与复杂性的概念有十分密切的关系,同时以此视角描述了工程管理文献中经常提及的组织复杂性和技术复杂性问题。在对组织复杂性和技术复杂性这两个概念进行区分研究时,将其定义为结构复杂性,这是这样的组织形式决定了组织以及任务之间的相互依赖性,进而造就了结构的复杂性。同时在构建技术的结构复杂性时,Williams(1999)考虑的因素包括输入、输出、任务以及涉及专业的数目和多样性等方面。总而言之,结构复杂性主要基于对元素的数量以及元素相互依赖关系的数量的描述。然而另一方面,正如Baccarini和Williams描述的那样,这种从结构上对复杂性的定义和对元素间相互依赖程度的度量只适用于简单连续的工程复杂性。因此,Williams(1999)以一个社会心理学学者的视角观察了结构的不确定性,进而丰富了工程复杂性建模思路。根据Jones和Deckro(1993)对不确定性的理解,不确定性被分为偶然确定性和必然不确定性,前者谈论的是由可靠性和可重复性导致的不确定性,后者讨论的则是由于知识基础的缺失而导致的不可避免的不确定性。

(二)工程复杂性在建设工程管理领域是一个新兴但至关重要的话题

许多研究人员正日益认识到复杂性测量在工程诊断,尤其是大型建设工程中的重要性(Baccarini,1996),认识到工程复杂性精确量化是很困难的。但许多学者仍进行了大量的研究来确定测量因素并对这些因素进行分类。例如,Baccarini(1996)和Williams(1999)根据差异化和相互依赖性来定义工程的复杂性。Tatikonda 和 Rosenthal(2000)相信工程复杂性与相关组织要素和子任务密切相关。Remington 和 Pollack(2007)将影响因素分为四个维度,即组织成员的经验和能力、工程组织结构及与其他关键参与者的交流和协调、工程文化及工程的业务流程。Vidal 和 Marle(2008)认为影响因素是工程规模、工程种类、工程相互依赖和环境要素。Maylor 等(2008)认为工程复杂性包括使命、组织、交付、利益相关者和团队。Joana 等(2011)总结出工程复杂性框架包括:结构、不确定性、动力学、速度和社会政治复杂性。Xia 和 Chan(2012)确定了工程复杂性的六个关键措施,即建筑结构和功能、施工方法、工程进度的紧迫性、工程尺寸/规模、地质条件和周边环境。此外,一些学者总结了工程复杂性的类别,如工程复杂性模型 ALOE(Vidal et al,2008)、两阶段模型(Wood et al,2010)、五维模型(Owens et al,2011)、大型工程的 TOE 框架(Bosch－Rekveldt et al, 2011)及大型基础设施工程的工程复杂性。近年来,快速城市化的数量增加了我国的大型建设工程,城市化的快速发展导致我国大型工程数量不断增加,投资的美元也不断增加。这些工程在自然界中通常非常复杂,例如,全国高速铁路网络、上海的洋山深水港、北京首都国际机场3号航站楼工程。然而,在今天的复杂和动态的环境里理解一个特定的超大工程的复杂性是非常困难的。许多学者进行了测量因素的识别和分类研究。例如,Baccarini(1996)将工程复杂性分成组织复杂性和技术复杂性,组织复杂性包括垂直组织层次结构、组织单元的组件等,而技术复杂性包括任务、材料、和知识特征。Maylor 等(2008)确定了工程复杂性的要素是任务、组织、传递、利益相关者和团队。Maylor(2003)将工程复杂性分为三类:组织、资源和技术的复杂性。Remington 和 Pollack(2007)把工程复杂性的影响因素分为四个维度:成员的经验,应对不同类型及不同程度的工程复杂性的能力、工程,其他关键方面的组织结构,协调参与、工程文化、工程的业务流程。

总之,多年来一直进行工程复杂性的概念研究而缺乏对工程复杂性定义的共识导致人们难以理解这个概念。因此,建议工程复杂性可以被定义为"由许多不同相互关联的部分组成具有动态和涌现特征"(Baccarini,1996)。

二、工程复杂性特征相关研究

(一) 工程技术复杂性研究

任何一个工程必然涉及各种各样不同专业、不同分工的技术,工程中采用的相关技术日趋复杂,更加需要不同组织的分工与合作,也在一定程度上导致了工程的复杂性。大型建设工程通常具有高技术的复杂性,如建筑类型、设计和施工工作的重叠以及依赖于工程操作。施工上的创新和绿色技术成为越来越明显的趋势,如三维技术、节能技术和新的建筑材料,也增加了大型建设工程管理的技术复杂性。许多学者报道工程管理的各种各样的技术复杂性,如技术的多样性、技术流程的依赖性、技术系统与外部环境之间的交互及高难度的技术风险(Baccarini,1996;Bosch‐Rekveldt et al,2011;Maylor,2003),在对复杂性的定义的基础上,将其与Turner强调的不确定性整合为工程复杂性的两个维度,提出了工程复杂性的全新概念。在研究中将区别性的概念应用于技术复杂性来描述工程技术中涉及的输入、输出以及专业的多样性,同时将依赖性的概念加以应用来描述系统内要素之间相互关联的程度,并且可用反馈过程复杂性的概念来描述系统内元素之间的交互行为。

接着,信息系统开发工程复杂性的二维概念模型被提出来,即结构—动态维和组织—技术维,并成为工程复杂性概念模型中较为完善的一个。在研究中,首先用不确定性、多变性和动态性等几个属性定义了动态复杂性的概念,同时用工程要素的多样性、区别程度、依赖程度、交互作用、合作和整合等几个属性定义了结构复杂性,从而形成了模型的结构—动态维;随后将这些属性分成组织复杂性和信息技术复杂性,从而形成了模型的组织—技术维。两个维度形成了工程复杂性的概念框架,包括结构组织复杂性(SORG)、结构信息技术复杂性(SIT)、动态组织复杂性(DORG)和动态信息技术复杂性(DIT)。同时,可用技术平台、软件环境、数据处理环境等方面的区别性和依赖性来诠释结构信息技术复杂性;用系统硬件环境的变化、软件开发工具的变化来诠释动态信息技术复杂性。在结构组织复杂性要素中,作者研究了包括业主、外部供应商和高层管理团队在内的不同工程利益相关者,但是缺乏对其具体深入的评价。

(二) 工程组织复杂性研究

区别性描述的是系统内元素呈现的多样性,当这个概念应用于企业或者工程的组织结构的时候,便形成了组织结构复杂性的概念。组织结构复杂性有两个讨论视角,一是基于工程管理组织自身的视角,一是基于工程各利益主体形成的动态联盟的视角。早在1979年,有学者在前人研究的基础上,重新思考了组织复杂性与组织规模之间的关系,并且得出结论:组织规模与组织复杂性的关系远比前人理论中提到的要复杂得多。更为重要的是,这些学者的研究对学术界对工程组织复杂性的理解形成了冲击。他们在研究中将组织复杂性从垂直和水平两个维度进行描绘。垂直维度的组织复杂性体现在工程组织的功能层级上,即工程组织的垂直层级的多少直接反映出组织复杂性的程度。水平维度的组织复杂性则体现在工程中个体的工作在多大程度上可以被重复和专业化,即工程中个体的工作可重复性的高低直接决定了组织复杂性的程度,并且提出对于可重复性高的个体工作可以依靠专业化分工的方式加以解决。

经济全球化和社会分工的不断细化,特别是前述技术复杂性的不断提升,带来了工程各利益主体的专业化和合作加深。为了使工程管理水平与技术进步和经济市场变化保持同步,一些学者在积极倡导工程集成管理,并极力倾向于将组织工程化的变革(Kerzner,2006;Turner et al,2000)。在这样的背景下,出现了两种变化趋势:一方面,同一个组织担负着同时进行的多个工程,正像 Turner 和 Simister

(2000)明确指出的那样,"工程的大多数(90%)都是作为工程组合的一部分完成的"。由同一组织进行的多工程管理主要关注资源配置的复杂性、组织结构和有效的工程管理等方面。另一方面,同一个工程必须由多个利益主体相互合作,组成工程动态联盟,最终实现利益的涌现。2002年,Pyra和Trask描述了一个由技术复杂性带来的组织结构复杂性的案例。一个预算为14亿美元的工程由于其较长的工期和持续性的风险被看作复杂的工程(Pyra et al,2002)。这个工程技术上的复杂性体现在需要对很多不同的软件进行集成。为了避免多技术集成带来的学习曲线的高斜率,该工程采用了机动性较强的扁平化工程团队的组织形式,由20家分包商进行软件的集成,这种工程的组织形式无疑是错综复杂的(Pyra et al,2002)。正是这种对技术复杂性的处理方式带来了工程组织形式上的变化,从而提高了工程的绩效。在这种背景下,工程管理的研究视角不能局限于单方的利益最大化,而是将工程成功的目标扩展为包括所有的利益主体,并且引入新的工程成功的因素(Kerzner,2006;Pinto,1998)。

另外,Kerzner定义了工程成功的因素,其中包括比如满足业主的需求、工作范围变更最小化、企业文化变更最小化以及组织主要商业流中断最小化等工程成功新标准(Kerzner,2006)。这个工程管理理论方面的改进在此后的文献中被广泛探讨着。其中Lundquist支持以用户为中心的观点(Lundquist,2005),Rouse和Baba(2006)认为技术和社会的视角变化会导致企业的转型,从而使得企业转型对工程管理、领导力、商业管理提出了新的挑战,特别表现在如何集成新的工程、如何管理工程组合以及如何在设计阶段去估计工程的复杂性等。

(三)工程环境复杂性研究

环境复杂性主要是指一个工程运作环境(如自然、市场、政治和监管环境)的复杂性。Bosch-Rekveldt等(2011)认为,利益和需求受环境影响的工程干系人的复杂性也影响这种复杂性。Brockmann和Girmscheid(2008)提出了社会复杂性来定义工程利益相关者的数量和多样性造成的复杂性。

在组织向工程导向型组织转型的过程中,组织结构必然发生相应的变化,在传统工程管理理论中,相比之下灵活性较强的矩阵式组织结构无疑在复杂的环境中有一定的优势。但是,Pinto 注意到了这种矩阵式的组织结构在运作工程过程中带来的高风险(Pinto,1998)。基于对环境复杂性的判断可将工程复杂性分为非常高、高、中等和低四个水平,随着工程类型的不断变化,针对工程中各利益主体或者个体采用的管理方式由直线职能式管理逐步改变为集成管理和基于个体的协同管理(Kerber et al,2004)。具体来讲,模型中处于最低级别的阶段是环境复杂性低而且没有正式的工程管理存在的阶段。此时的工程复杂性低,工程经理只需依靠经验和直觉做决策来完成工程,并且经常在工程运作过程中会发生工程人员意见上的冲突,从而影响工程绩效。随着工程环境复杂性和工程复杂性的不断提高,最低级别的工程管理方式已经不能适应工程管理实践。此时需要工程管理人员将一些工程管理规则引入工程管理过程中,此时进入模型中的第二级别阶段。这一阶段中工程管理人员将通过制定程序和文件实现对工程过程的控制。到了模型第三级别的阶段,工程管理人员将摒弃第二级别的管理方式,转而采用基于最佳实践的方法来处理更高层次的工程复杂性和环境复杂性(Kerzner,2006)。这一级别的工程管理模型的先进之处在于通过采用一些理性并且经过实践证明是正确和高效的方法去定义工程目标和安排工程计划,并提出工程管理的框架,Jaafari 称之为适应"几乎所有发表的知识体系,专业方法体系和认证体系"的标准。其在多方面都有所应用的同时也显示出其并不适用于高复杂性的环境和高复杂性的工程。在这样的背景下,有学者提出了最高级别(creative-reflective)的模型,在模型中 Jaafari 假设这一级别的工程经理通过长期的学习来完成个人的发展,并后续产生了一种基于团队的领导视角。

(四)工程任务复杂性研究

在工程冲突管理中,工程任务的复杂性主要涉及任务的多样性、任务的相互依赖性和对于任务假想的鲁棒性(Jones et al,1993)。前面提到,正是 Williams 对结构复杂性的两维定义得出"整体大于部分之和"的结论,与此不同的是,Austin 等(2002)等学者认为系统可以被物理性地分解,研究系统时只需考虑其分解后的各个子系统或者元素,而不需理会子系统或者元素之间的相互联系。工程管理中的工作分解结构(WBS)方法的使用在很大程度上为其开发建设工程和建筑产业的分解模型提供了可能。以一个建设工程为例,仅此工程的设计阶段就拥有 4 个层次、10 个子层次、150 多个任务包以及 4 600 条信息,并以此说明了建设工程的任务复杂性。这些任务包括了建筑工程任务的 90%,因此得出结论,在将这些任务优化和实施之前的设计阶段就需要对其有一个确认的过程。但是对任务复杂性研究的不足之处在于还缺乏一个对任务复杂性的测度方法以及支持该论点的实证数据。

综上所述,工程的目标也不再只是有限的预算和高质量的产品,对工程复杂性的限制也在逐渐提高。现行的工程管理知识体系承认并将工程复杂性作为区分工程的首要因素(Kerzner,2006;Decarlo et al,2001),同时近十年间,有越来越多的学者从各自不同的视角探讨了工程复杂性的特征和概念,理论界与业界的这些变化使得复杂性科学在工程管理中的应用成为管理科学的前沿问题,尽管如此,这方面的研究工作仍然不够深入。目前对于建设工程复杂性系统的研究仍存在着概念模型缺失的问题,使得利用先进的复杂性科学方法对建设工程进行集成管理缺乏相应的研究基础。同时,Shenhar 和 Dvir(2007)在研究中也得出了相似的结论,并建议工程管理领域的研究要更多地在其他交叉学科的研究工作中受益。

另一方面,由于软件工程或者信息系统工程,尤其是软件开发工程由于其要进行不断的开发和测试,而且范围变更频繁而通常被认为是复杂的,导致过去的研究认为在利用工程管理理论的众多行业中,除其之外的其他行业对于复杂性及其对工程管理冲击的理解只是达到一个肤浅的程度(Austin,2002)。这一现象使得过去有关工程复杂性的研究过多的集中于软件开发工程和信息系统工程,但是随着建设工程复杂性的发展趋势日益明显,使更加贴近建设工程的系统复杂性模型的研究需求更加迫切。

三、现有研究存在的问题

(一) 工程项目管理复杂性方法论研究不足

尽管传统上认为工程项目管理是以系统工程的观点、理论和方法为指导的,但由于长久以来受还原论的影响,工程项目管理在实践中并不总是与系统论相吻合。尽管大家在工程项目管理实践中感到"孤岛""抛过墙"等现象的确实存在,却鲜有上升到方法论的高度进行分析、反思。

(二) 工程项目复杂性管理研究深度和广度欠缺

对于工程项目复杂性管理,国内外的有关论述都还很少,尽管已在认知和整合上进行了相关的论述和研究,但是,有关复杂性管理的概念、观点、原则、理论、方法、模型等仍鲜有提及,研究的深度和广度尚有欠缺,还未取得实质性和广泛性的进展,业内的重视度和参与度不足。

第三节　决策方案功能与环境的长尺度耦合

本节以重大工程决策为例来具体阐述决策方案功能与环境的长尺度耦合相关内容。

一、决策环境的本质特征

重大工程决策环境的本质特征是不确定性,这是自然存在的。不确定性的本质是不确知,即不能明确地判断,不能唯一地判断。重大工程既有主体,又有客体,客体不确定包括状态、参数、数据、情景等的不确定;无论客体唯不唯一,只要我们还没有确知这件事情,即形成重大工程决策环境的不确定。

(一) 决策环境不确定的维度

决策环境不确定的两个维度:一是决策环境的复杂性(简单与复杂程度),即决策环境因素的多样性;二是决策环境的动态性(稳定与不稳定程度),即环境变化的速度(见图3-2)。具体来说:

(1) 浅度不确定的决策环境,包括单数据、单参数等的不确定。此时,决策环境要素简单且变化稳定,即决策环境要素较少且变化趋于稳定。

(2) 浅至中度不确定的决策环境,包括单数据、单参数等的不确定以及一组数据、参数/结构的不确定。此时,决策环境要素复杂且变化稳定,即决策环境要素个数较多、要素差异性较大且要素变化趋于稳定。

(3) 中至深度不确定的决策环境,包括一组数据、参数/结构的不确定以及情景、自组织、涌现等的不确定。此时,决策环境要素简单但变化不稳定,即决策环境要素个数较少且性质比较接近,但决策环境要素变化较频繁且无预见性。

(4) 深度不确定的决策环境,包括情景、自组织、涌现等的不确定。

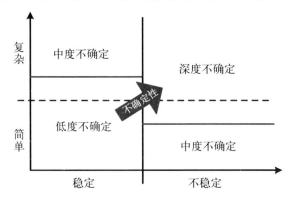

图 3-2 决策环境的动态性与复杂性关联示意图

此时,决策环境要素复杂且不稳定,即决策环境要素个数较多且性质相异,但决策环境要素变化频繁且无预见性。

(二) 决策环境不确定的尺度

由于重大工程具有超长生命期,相应地,决策环境具有大时间尺度。重大工程决策方案本身是具有适应性的复杂系统,重大工程决策方案本身具有对扰动/变化(深度不确定)情景的适应性,即重大工程决策方案在形成过程中可逆,在决策实施过程中局部可逆(方案变更),在完成实施后是整体不可逆的。重大工程论证决策过程既是一个决策主体认识自然、改造自然并与自然和谐相处的科学研究活动,又是一个进行多元价值判断、选择与协调的过程。因此,重大工程的决策过程是一个冲突不断协调与消解、由混沌到有序的不断演化的动态过程。

二、决策方案功能的内涵与特征

重大工程决策方案功能是对工程施工、运营、后期处置等所做的总体期望和战略目标设计,主要通过工程前期立项、可行性研究、初步设计、施工图设计等活动来确定工程的技术、经济、环境和社会等功能属性指标,如技术标准、设计使用寿命、投融资模式、节能环保等。一般来说,重大工程决策方案功能具有以下特征:

(一) 重大工程决策方案功能的连续性

重大工程决策方案功能形成过程是一个由粗到细、由抽象到具体、由宏观到微观的渐进明晰过程。工程的立项阶段主要是确定工程的功能价值及可能存在的功能方案;在工程可行性研究阶段重点在于对多种功能方案进行同等深度比选,通过定性和定量相结合的方式来论证不同功能方案的可行性和风险可接受程度,并推选某项功能方案;初步设计是在选定功能方案的基础上,进一步从方案结构、接口设计等方面进行深化设计和分析,并给出工程的概算及相关经济分析、标段划分等;施工图设计则是从如何实施工程功能方案的角度来分析材料、装备规格和工艺工法等。由此可见，从提出构想、整体规划、建设实施、投入使用到工程终结的整个过程都展示出了功能的连续性特征。

（二）重大工程决策方案功能的稳健性

重大基础设施工程具有深远影响和不可逆性特性，因此，有效的决策方案功能是决策的重要任务。虽然决策方案的形成是一种基于当前用户需求、行业标准、地质勘察准确度、技术和装备成熟度、企业能力而做出的即时规定和设计，但它须具备面对工程几十年或上百年的使用过程中所可能出现的正常或意外情况的预测和防范能力。决策者和建设者通过理论计算、实验仿真、实验检验及综合专家的智慧等手段来尽可能提高工程决策方案功能的稳健性，实现决策方案对工程环境变动的容错能力和防范工程完成后对自然环境造成的破坏。

（三）重大工程决策方案功能的动态性

重大基础设施工程决策方案功能动态性主要体现在具体实施和运营维护过程中的方案变更和后期功能扩展两个方面。方案变更可能来自业主需求的调整、设计单位方案的优化和施工单位的施工方案变更，无论哪一种方案变更都必须充分维护初步设计方案的独立性，即保证决策方案功能的连续性，尽量避免重大方案变更。在工程运营期，根据实际需求，对原有的工程方案进行适度的维护和扩展，增加功能目标的完备性，提升技术指标的可靠性和增设节能环保等功能。可以说，在工程全寿命周期内，决策方案功能会随着人们对决策问题认知的加深、环境的变化和新的功能需求的产生而不断优化和扩展。

三、决策方案功能构成

（一）重大工程决策方案构成性功能

重大工程决策方案的构成性功能是指工程完工后必须达到的物理性作用，包括通车、通航、发电、防洪等最直接的、具体的功能。重大工程决策方案的构成性功能具有基础性和全局性：一方面，构成性功能是任何一个工程都必须具有的,是在立项决策时提出的工程建造完成后需要发挥的基本作用,其他功能必须建立在构成性功能的基础上;另一方面,构成性功能贯穿于重大工程的全生命周期之中。

可以从时间维度来识别重大基础设施工程决策方案的构成性功能,若功能在工程开始投入使用时发挥作用,即为构成性功能。

(二)重大工程决策方案生成性功能

重大基础设施工程决策方案的生成性功能是指工程完工后对社会、经济产生的间接作用及影响。重大工程项目具有永久公益性,公众关注程度高,其实施所带来的效益往往是经济、社会、科技甚至政治和军事等多元价值的综合效益,会对国家或者区域的经济社会带来广泛而深远的影响。

重大工程决策方案的生成性功能具有多尺度性、高维度性。其中,多尺度性包括时间尺度、空间尺度及关联尺度等。时间尺度主要体现在重大工程的长生命期,通常为数十年甚至上百年之久;空间尺度主要体现在重大工程的主体规模一般都比较庞大,其地域性、空间特性非常明显;关联尺度主要体现在重大工程决策数量之多,层次之众。重大工程决策方案处于一个特定的决策环境之中,决策方案构成性功能使得决策方案与环境之间具有物质、能量与信息的交换,必然会对周围环境、经济会产生巨大作用。

可以用定性、定量两种方式来识别重大基础设施工程决策方案的构成性功能。定性方式是从时间维度来考虑,不同于重大工程决策方案的构成性功能,生成性功能通常是在工程投入使用一段时间之后产生的,这时才能对周围社会、经济产生一定的影响。定量方式是直接考量工程本身对于社会、经济的作用,会有相应的影响分析数据来反映。

(三)重大工程决策方案涌现性功能

重大工程决策方案的涌现性功能是指工程完工后对生态、地质等产生的影响作用。重大工程决策方案的涌现性功能具有演化性、深度不确定性：重大工程决策方案的涌现性功能深刻揭示决策方案在工程全生命期内满足工程环境的变动，以及决策功能释放后工程社会自然复合系统新的情景涌现对决策方案敏感性和适应性的性能要求。这是由于重大工程超长生命期使得重大工程决策环境具有深度不确定性。一方面，决策方案功能要求决策方案能够适应决策方案环境的变动；另一方面，决策方案也会对决策方案环境产生重大影响，由此就产生决策方案环境的新的情景，而这种新的情景反过来又对决策方案提出更高的功能要求。

重大工程决策方案的涌现性功能通常是人们"大吃一惊"的工程作用，是人们在工程前期决策无法预知的未来情景。在涌现性功能没有自发产生时，人们是无法知道涌现性功能是什么的，只能预测、猜想，除构成性、生成性功能外即为涌现性功能。

概括来说，重大工程决策方案的构成性、生成性、涌现性功能设计的重要关联表现在：

（1）决策方案功能设计的时间尺度不一样。构成性决策方案功能设计在决策时间区间中段进行，生成性决策方案功能设计主要在时间区间前中段进行，涌现性决策方案功能设计主要在时间区间的中后段进行，基本贯穿整个时间段。这是由决策问题的性质以及其与专题的关联度决定的。

（2）三个决策方案功能设计没有严格的先后顺序，而是在时间轴上相互交错影响。构成性决策功能设计方案通常会在生成性及涌现性决策功能设计方案同意之后才能得到最后同意；涌现性决策功能设计通常是在考虑整个工程的经济性、技术可行性的构成性和生成性决策功能设计要求的基础上提出的。

重大工程项目的生命期是指工程项目的建设期，包括投入期、成长期、成熟期及衰退期（见图3-3）。重大工程项目的全生命周期包括工程项目的生命期和工程项目产品的生命期，是指一个项目从提出项目意向开始，经过立项和项目决策，然后到工程项目实施，最终到工程项目完工和交付使用以及持续改进直至项目终结的完整周期过程。其包括项目决策阶段、项目实施阶段以及项目运营阶段。

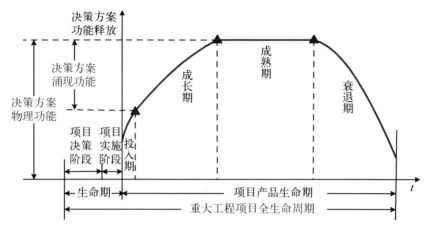

图 3-3　重大工程项目的全生命期内功能划分

第四章
基于深度不确定的决策情景鲁棒性

第一节 决策问题描述——深度不确定的困境

一、决策的不确定性内涵

目前,人们对决策的不确定性大概有两种理解:一种是从本体论视角来理解,认为不确定性是客观存在的,与人类认识能力无关;另一种是从认识论视角来理解,认为不确定性是指人无法对事物状态或事件运行结果做出唯一确定的描述和预言。

不唯一性是不确定性的本质特征,不确定性就是与决策系统运动状态或结果具有多种可能性密切联系的一种性质,是对确定性的否定。与确定性相对立,不确定性是关于决策系统的状态、过程、结构、功能、规律等在一定条件下的不唯一性。不确定性具有认识论和本体论意义上的区别。决策的不确定性是贯穿于整个决策过程中的评价结果,只要决策者决策的可能结果不唯一,就会产生不确定性。

二、决策的不确定性来源

(一)决策的客观不确定性

决策的客观不确定性是指决策的客观事物状态或运行结果的多种

可能性在客观上的等概性、平权性或对称性。

(1) 决策信息不唯一。决策信息具有动态性，即各要素均是时间的函数，随着时间的推移而变化，发展，衰败，转化。决策信息的不确定性是可测的，可以随着层次的深化提高可测程度，但不确定性是不可避免的。因此，不确定性信息又是不可全知的，尽管可以随着测量层次的深化无限缩小未知部分，但其只能是部分已知、部分未知，而且在已知的信息中还会有信息的遗失。

(2) 决策问题的构成及相互间的交互不唯一。决策问题是指决策对象的现实状态与期望状态之间的差距，包括其来源、特征、范围、背景、条件、原因等。任何决策问题，首先要明确决策问题的边界，才能确定决策问题的目标。决策问题是从确定到不确定的连续统一体。决策问题常常与外部环境有着紧密的联系，外部因素的变动可能会引发决策问题性质的改变，从而迫使决策路径发生演化。另外，随着信息技术的发展，决策信息是否充分也成为决策主体能否清晰界定决策问题的关键。因此，决策主体对问题的认知程度、外部环境的变化情况及主体拥有的有效决策信息量的多少都会使决策问题在界定中包含诸多不确定因素。市场销路、季节变化等都在不以决策者意志为转移的客观上出现的状态，叫自然状态。不仅不知道所处理的未来事件在各种特定条件下的明确结果，而且连可能的结果及其发生的概率都不知道。人们多根据经验和估计来进行决策，这样决策就有很大的主观性。决策者根据几种不同自然状态下可能发生的概率进行决策。人们对这种可能出现的状态的不确定，根本上是对各种事件或灾难的发生概率进行比较。在实际中，有些情况下决策者面临的对象不是自然状态，而是竞争者，双方都只有两个可供选择的策略或者双方很可能都有两个以上可供选择的策略。

(二) 决策的主观不确定性

从主观方面来说，不确定性表示主体对客体的不可预见性和相对的不可决定性。无论是感性认识、理性认识还是真理的发展过程，或多或少的都会带有研究者的主观思想、判断与构建。

（1）不同决策主体对决策问题求解技术路线不唯一。为了降低决策问题的求解复杂性，决策主体通常将决策问题分解为多个子问题，分别求解后再加以综合以获得最终解决方案，不同的决策问题分解方式对应不同的技术路线，这就形成了决策问题求解技术路线的多样性。另外，随着决策方法的日益丰富，对同一问题也有不同的解决方法和路径，这也增加了技术路线的多样性，从而使决策主体在选择技术路线的过程中常常需要根据实际情况进行选择，难以事先确定。

（2）不同决策主体价值偏好不唯一。决策主体是具有学习能力的个体。随着个体与外界信息的交换及自我学习过程，决策主体的价值偏好会发生变化，甚至偏离其原有的偏好区间，导致决策目标具有动态性。另外，对于复杂决策问题基本上采用群决策的方式，即决策主体由群体构成，不同群体构成方式也会使决策主体的偏好发生变化。

（三）决策的主客观交互不确定性

主、客观之间以存在着信息为条件，构成一个矛盾对立的统一体，两者之间必然存在矛盾，导致决策系统不断运动、变化和发展。决策是"人"对未来实践的方向、目标和要达到该方向、目标的原则，方法和手段所做的决定。其本质是见之于客观行动的主观能力。

（1）决策目标不唯一。对同一决策对象，从不同的角度观察，会得到不同的评价，从而确定不同的目标。确定一个决策方案往往要考察多个目标。例如，选择厂址时，既要考虑造价，又要考虑运输、能源消耗、环境污染等。对于这类多目标决策问题转化为单目标或双目标问题，可采用优选法、非线性规划法、线性加权和法、乘除法、平均和加权法、理想点法和功效系数法、重排次序法、分层序列法、直接求非劣解法、层次分析法等；或者按目标的轻重缓急，将其分为不同等级，采用序列或优先级法、多阶段法。困难在于如何确定各个目标的优先顺序以得到满意求解结果。

（2）决策方案的选择不唯一。决策者面对的备选方案不是唯一的,而是存在着一个概率分布,这种备选方案的多种可能性并存,一方面反映了客观环境的多种可能性或不确定性,同时也使得因对各备选方案赋予不同的偏好(权重)而导致结果的不确定性。由于决策问题及主体偏好的变动以及外部环境其他不确定因素的影响使复杂决策方案的制定不再是多选一的过程,比对备选方案并选择其一是决策的核心环节,最终决策方案往往会因为技术路线的改变而与起初的备选方案"非此非彼"。

（3）决策对象(范围、内容、决策期限)不唯一。决策对象是人的决策行为的对象,是受人的行为干预和受人的能力控制和影响的,任何超越人的能力范围、超越以人为主体的社会的对象都不是决策对象。人类决策的对象的范围已由原始人的生存决策逐渐扩展到了经济、政治、文教、科技、军事等各个领域。决策均具有生命周期,即从开始做决策到决策功能释放结束的时间段,决策的生命周期有长有短。

从上述分析中可以看出,决策问题及过程的不确定性要求决策主体能够根据自己"新"的认识不断审视决策问题,并根据外部环境的变化调整目标以保证问题解决方案的合理性与适应性。更进一步地说,在决策初始阶段,环境变化往往混沌而难以预见,决策主体可以根据决策问题及环境的变化灵活选择应对策略。由于这些应对策略是根据决策问题及过程变化制定出来的,具有反应性、适应性特征。

第二节　决策的不确定性反思

一、决策的一般不确定性

以下三种情况被称为决策的一般不确定性：其一,不确定性程度相当低并且可以准确地计量,如银行款项几天到账,对于投资决策的影响较小,具有清晰性;其二,不确定性具有彼此独立、可以准确计算、结果确定的特点,如玩扑克牌时的分牌,对于这种不确定性主要运用决策树分析技术、选择权价值模型及博弈论等进行处理,具有选择性;其三,分布于最大值与最小值之间,具体值事前不能确定,如投资收益,多用最大最小值分析、敏感分析、弹性分析等工具来处理,这类不确定性具有相互关联性。

二、决策的深度不确定性

在一个复杂决策系统中,有时会出现多种情况共同影响决策方案的情况,从而导致出现不确定性重叠累加的情形。当多重不确定性同时作用时,称之为决策面对着"深度不确定性"。深度不确定性会给决策者在应对一些决策问题,尤其是长期问题或突发事件时带来很大困难,一方面各种信息不能及时准确获得,另一方面当要决策的问题突然发生变化时,又必须迅速做出应急处置对策。深度不确定性造成的影响远超出一般不确定性,具体来说:

(1) 多尺度、高纬度的时空跨度。决策方案的生命期(作用期)既可以是短期的,也可以是长期的,根据不同的决策问题可以分为小尺度决策问题、中尺度决策问题及大尺度决策问题。而且一个决策问题可能包含多个尺度的决策问题,通常具有较大的时间跨度。从时间上的影响来看,静态决策指当前的决策与今后的决策无关;动态决策指当前的决策与今后的决策相互影响。当前决策的影响持续越久,决策受到不确定性的影响越多。决策方案的形成是一个逐步逼近、最终收敛的动态过程。不确定性不是一个一维的概念,而应被看作一个多维概念,其包含了决策多方面的特征与属性。

(2) 异构决策主体。决策主体是由开放性、动态性及交互性的异构主体构成的群体主体。异构主体自身具有不同的职能、权力、人际关系、价值标准及决策能力;个体主体之间相互关联,且个体主体与外部环境或组织之间相互关联及信息交换。

(3) 决策方案与环境的交互关系的适应性。决策方案与环境相互之间具有物质、能量与信息的交换。决策方案对环境会产生作用：任何一个决策方案都处在一个特定的环境之中，它必须适应外部环境的变化才能立足于客观世界，才能发挥它应有的作用。决策方案与环境的交互导致决策方案的演化：外界环境会影响决策，通过处理后的信息反馈，保证决策方案环境适应性的发挥。

（4）决策系统在结构和功能上的演化途径不唯一。演化的本质是时间的路径，它把将来的事情带到现在，然后又把它们推向过去，演化途径具有多种可能性。决策目标、决策主体、决策行为、决策功能等随着时间的推移而发生的变化，它比决策方案仅仅随时间推移而发生变化的动态性要复杂很多。在足够大的时间尺度上来看，决策方案都处于或快或慢的演化之中，具有演化性。

（5）决策系统在功能和性质上的涌现行为不唯一。决策系统通过与外部环境的交互作用，在所有尺度下常常会涌现出新特征及组织层次，产生不同的行为，不仅有定量而且有定性的。该决策的不确定性特征与其中的每个决策的特征不是同种类型或更高等级类型的，即两者不具有相似性；而且决策的不确定性特征也不是其中每个决策的不确定性特征（微观上包括模型、叠加原理及可行性方法等）的加总或平均，如可以用总能量、总收入或现存生物数目等累积性变量来表示。

三、应对决策的不确定性

随着科学的发展，人们对决策的不确定性的认识越来越深入。人们已经意识到，如果忽略了对决策的不确定性或不能对其进行科学的处理，将不能认识决策本身，更不能科学地应对决策的不确定性。传统决策方法一般有规划方法、预测方法、多目标决策方法、多准则决策方法、竞争型决策方法及模糊决策方法等，这些方法仅对相对简单的决策问题有效。人们一般采用以下方法来应对决策的不确定性：

（1）避免使用不确定性量。尽管实际决策中不确定性量普遍存在，但无法定量地表示不确定性量的影响，人们通常只使用确定性的量,这使得决策方案对不确定性过于敏感而不能稳定地发挥其效能。

(2) 将不确定性量转化为确定性量。用概率分布预测不确定的环境,估算出期望值,在许多替代方案中选择期望值最大的替代方案;制定在不确定环境下选择代替方案的条例,如最小限原理。然而由于决策活动中涉及大量的自主主体行为或心理活动,传统的方法难以描述或分析能力不足,特别是在深度不确定性下,以往知识与经验无法应对新近发生的不确定性。

(3) 定性、定量分析。试图通过提高数理模型方法的复杂性并不能应对复杂决策问题的不确定性,这时就要做出具有适应性的决策。借鉴、吸收、集成、融合不同学科的理论、工具与技术,特别是综合自然科学、社会科学与人文科学的技术和方法,对决策的不确定性进行定性或者定量分析。

(4) 提高决策者的决策水平。对于客观存在的决策的不确定性,人类不能干预,要尽量丰富不确定性的信息,可以采用概率描述或者区间描述。应对由于决策者自身的原因而产生的不确定性,需要提高决策者的决策水平。决策者可以在实践中自觉地通过多种途径和手段获取知识并内化为自身素质和能力的自我发展、提高和完善的过程,使决策者成为真正主体并不断增强自主性、提高处理复杂性问题的能力。特别对于工程管理中的复杂性决策问题,主体只有自觉地学习才能从不知到知,从知之不多到知之较多,从知之不全到知之较全,从知之不深到知之较深,这样才能在这一过程中提高驾驭决策复杂性和实现创新的能力。

(5) 复杂性降解。决策的深度不确定性通常面临的是复杂性的动态问题,传统的定量分析建模方法(如线性化、降维法等)无法应对,可以通过对该类决策问题的复杂性进行降解,使大尺度决策问题转化为小尺度或者中尺度决策问题,进而使动态问题向静态问题转化,从而使不确定性变得能够被合理认识和应对。

(6) 调整或重新生成决策方案。根据不确定性因素对决策系统的扰动方式和程度,不确定性因素可分为突变不确定性因素和渐变不确定性因素。突变不确定性因素指变化幅度大、呈离散分布的干扰因素,在短时间(常常是一个瞬间时刻)发生较大的变化,即呈阶梯跳跃,其对决策系统影响较大;而渐变不确定性因素指变化频率高但幅度不大的干扰因素,其对系统的影响较为缓慢,但具有明显的累加特性,即随着时间的推移,该类不确定性因素逐渐增多,使其对决策系统的影响程度逐渐增大,需要对现有决策方案进行较大的调整或重新生成决策方案来应对这些不确定性因素。

综上,对决策不确定性的内涵、特征、来源等进行了系统的研究,深入分析了不确定性的来源,包括客观存在、主观存在及主客观交互的不确定性;重点讨论了决策不确定性的特征及其表现;最后提出了应对决策不确定性的途径,其中,对深度不确定性决策问题的复杂性降解方法,是应对不确定性的新思路。

第三节 决策情景鲁棒性

一、鲁棒性理论相关研究

鲁棒性的概念最早是在制造系统领域中被提出的,目前,在众多领域中均已开展了关于鲁棒性的相关研究。截至2001年,Jen统计的不同领域对鲁棒性定义就多达17种。目前涉及鲁棒性的相关研究领域主要有:制造系统、生态系统、计算系统、模型系统、C2组织、人类与环境的交互作用等。在不同的领域中,鲁棒性的定义也有所不同。例如:

(1) 制造系统:鲁棒性是指当输入参数在一定范围内变化时,系统仍能保持稳定运行并保证产品具有一定性能品质的能力。

(2) 计算机系统:鲁棒性是指系统在出现不正确的输入时仍然能够保证正确运行的能力。

(3) 模型系统：如果一个模型在某种假设下是正确的，而该假设不同于最初设计模型时的假设，那么该模型就具有一定程度的鲁棒性。

鲁棒性是相对而言的，在某一方面具有鲁棒性的事物在另一方面却有可能不是鲁棒的，因此，在还没有指定该事物的评估特征时，谈论其是否具有鲁棒性是没有意义的。针对不同的应用领域甚至不同的评价目标，鲁棒性度量方法也有所不同。目前用来度量行动过程方案鲁棒性的最简单也最普遍的一种方法是计算执行行动过程方案达成目标的概率。达成概率越高，表示行动过程方案的鲁棒性越高，这种方法同样常见于模型的鲁棒性度量之中。另外一种方法是用行动过程方案执行失败的概率或执行过程中出现与约束条件矛盾情况的概率作为度量的鲁棒性的指标。而 Schaffer 等（2005）则通过行动过程方案在执行过程中需要被修订的程度来度量行动过程方案的鲁棒性，并定义了冲突概率来表示行动过程方案生成系统的鲁棒性程度，其中冲突概率是指在系统运行的过程中，资源分配不满足约束条件的情况。Buffet 和 Aberdeen（2008）以马尔可夫决策过程（Markov Decision Processes）模型描述了决策过程中的不确定性，并根据模型中的不确定性程度将多个行动过程方案进行排序。他们认为鲁棒性最好的行动过程方案是那些在最坏的决策模型下能够得到最好的效果的行动过程方案，并且指出实时动态规划方法是求解这类问题的一个有效方法。这种思想被广泛地应用于行动过程方案的鲁棒性评估当中。比如，行动过程方案生成方法（Plan Refinement Structure，PRS）主要用于当用户（决策制定者、专家、行动过程方案制定人员等）输入的前提条件部分发生改变甚至是出现错误时，保证系统仍然能够输出正确的行动过程方案。他们认为如果一个 PRS 能够在一定程度上保证这种性质，则称该 PRS 是鲁棒的。基于仿真的鲁棒性评估方法也被广泛地应用在行动过程方案生成领域。比如，Chandrasekaran 等（2005）采用对比仿真结果的方式定义行动过程方案的鲁棒性：给定两个行动过程方案 A 和 B。根据仿真结果，如果 A 相对于 B 来说，对前提条件的变化不敏感，则说 A 是鲁棒的。根据该定义，可以在多次仿真结果的基础上，评价各行动过程方案的鲁棒性。

关于鲁棒性的研究已开展了几十年，虽然其理论还并未完全成熟并且研究的方法也比较单一，但毫无疑问，提升实体的鲁棒性是应对不确定因素对实体影响的重要手段之一。在军事领域，将鲁棒性应用在行动过程方案的研究上仍然是一个崭新的研究课题。提升军事行动过程方案的鲁棒性可以有效应对战场不确定因素的影响。研究一种切实可行的提升军事行动方案鲁棒性的方法，有利于增加实现既定目标的成功概率并使执行行动过程方案的成本尽量最小化，这对于现代信息化战争是有重大的现实意义的。

二、决策鲁棒性、可靠性、脆弱性与稳定性辨析

（一）决策鲁棒性和可靠性

可靠性是指决策方案在预期的条件下和预定的时间内，完成规定功能的能力。它可从如下三个方面来说明：一是预定的时间，即预定决策实施的时间，也就是说决策的可靠性只限于预定的决策实施时间之内，该时间之外去研究决策可靠性是没有意义的。二是预期的条件，即决策实施过程中的各种主客观条件的预期，也就是说，只要求决策在预期的条件下可靠，若预期发生重大偏差，这不是决策本身的可靠性降低，而是决策的前提出了问题，这时必须修正决策或重新决策，以保证其可靠性。三是完成规定功能的能力，这是决策可靠性的核心所在，它包括三方面的内容：若按既定的决策方案实施，在预期条件下和预定时间内能在多大程度上实现决策目标，若实现目标的程度不高，甚至产生了严重的消极副作用，当然再不能说它是可靠的，而是"失效"；决策方案在预定时间内能在多大程度上适应预期的条件；若预期条件发生微小或暂时的偏差，决策方案是否有抗干扰的能力，这也是决策可靠性的内容。

（二）决策鲁棒性和脆弱性

生物有机体在遇到环境和组成部分的不确定性时是高度鲁棒性

的,然而遇到了基因上微小的扰动或者显微镜下可见的病原体的出现时,生物有机体可能就劫数难逃了。当遇到大规模的大气扰动、货物负载和燃料的改变、材料老化时,777飞机是鲁棒的;但是当遇到超大规模集成电路芯片的显微镜下可见的少量改变时或者遇到软件故障时,可能就会劫数难逃。而这种情况在一个简单的交通工具上就完全不会出现。可以看出这种复杂性能将小扰动的影响放大,所以设计工程师必须保证这种扰动要非常少。所以,一般地说,鲁棒性与脆弱性是并存的,在某一方面具有鲁棒性的事物在另一方面则可能同时具有脆弱性,或者在某一层次上具有鲁棒性而在另一层次上则具有脆弱性。这方面最典型的就是互联网。

(三) 决策鲁棒性和稳定性

一些学者认为这两个概念都是用来定义一个给定系统在遇到特定的扰动时所显现出来的特征。大体上说,前者是刻画系统中过程相对初始条件变化的保持能力,而后者是过程相对环境或系统本身变化的保持能力。当今在系统和控制领域有很多关于鲁棒稳定性或稳定鲁棒性的讨论,这说明对这两个概念的研究是应该并且是有条件放在一起进行的,这两个重要基本概念实际上已经紧密相连。对于某些系统,扰动不是外部输入或内部系统参数上的波动,而是系统组成、系统拓扑结构或系统运行环境根本假设的变化,此时鲁棒性能够测度这类系统特征的持续性。鲁棒性典型地应用于"复杂适应系统"当中,正如霍兰所说:"我们通常不担心石头的鲁棒性。"在稳定性理论中,假设单一的扰动是很典型的,而从鲁棒性的观点来看,经常需要从多重角度来考虑多重扰动。"功能"是鲁棒性和稳定性之间的差别。

三、鲁棒决策的相关研究

为了有效应对深度不确定性的潜在非平衡动态的政策问题,Lempert et al(2010)提出了鲁棒决策(Robust Decision Making,RDM)的思想,并将其应用于军事战略上。他们认为鲁棒决策是一种尽可能在已有资源的基础上消除不确定性因素,并最终选择一个对剩余不确定性不敏感的满意方案的过程。在此之后,Kasprzyk 等(2013)对鲁棒决策的思想进一步提出了鲁棒决策的方法与模型、多目标鲁棒决策模型。鲁棒决策并不是确定最佳的策略,其关键在于搜寻对于重要的不确定性参数(深度不确定性)不敏感但是又能有很好的实施效果的策略,有效地辅助决策者设计和选择策略(Lempert et al,2010;Kwakkel et al,2016)。

随后,学者们对鲁棒决策的内涵和框架进行了大量的探索,其应用领域也被不断扩展,如政府长期决策制定、工程设计、气候变化、企业战略决策、环境管理、洪水风险管理、水资源管理、森林资源管理、灾害风险管理等领域。最近的研究主要有两个方面,一方面是对鲁棒决策的形成问题的研究,即如何形成具有对未来情景鲁棒的决策方案,如 Fletcher 等(2017)对多维不确定性分类并结合不确定性的概率模拟、深度不确定性的情景分析以及不确定性的多阶段决策分析提出决策框架,评估所提出的基础设施方案的成本和供水风险,并基于规划者在模拟的供水情景的风险偏好来识别最佳基础设施方案,此类研究还有如 Kasprzyk 等(2013)等的工作。另一方面主要探讨鲁棒决策的理论框架,如 Knox 等(2018)认为鲁棒决策可分为问题形成、策略设计及性能、不确定性分析及情景发现、候选策略利弊权衡等四个步骤等。

面对深度不确定性的挑战,情景模拟作为能将未来情景嵌入决策分析过程的关键路径,因而受到学者们的广泛关注,并认为情景可以直观地描述和整合不确定性,为分析未来提供参考并支持风险评估和政策选择。

为了实现在决策制定中引入情景模拟,一些学者研究基于情景的决策分析方法。传统的基于情景的决策分析方法考虑未来的关键驱动力来构建情景,如经济增长或技术改变或者提出通过计算仿真模型多次运行的定量决策支持系统来帮助选择情景集。定量决策支持方法推动了选择情景的能力,提高了计算机决策支持工具的性能以及情景发展中完全定性方法的不足。如 Groves 和 Lempert(2007)针对传统情景方法处理多主体的公共政策问题时的不足,设计了定性定量相结合的基于情景的鲁棒决策方法;同时,通过重点关注"情景"的发现,Lempert(2013)设计了基于现代信息计算机技术的情景发现方法。

情景发现一方面旨在提出定性情景流程的缺陷,另一方面是在长期战略决策中提供一个探索性的角色,开发和识别决策相关情景并进而产生鲁棒决策方案。现有研究中有许多在鲁棒决策中使用情景发现的例子。情景发现在鲁棒决策中还可以用在其他方案没能实现目标的规划方法里。Kwakkel 等(2016)指出通过情景发现识别的漏洞可以理解为一个多维的适应临界点,是动态自适应策略路径研究的核心概念。同时,越来越多的情景发现用于更一般的基于模型的自下而上的方法,该方法如今已运用于气候变化、水资源管理、可持续发展等重大的政策问题实践(Kwakkel et al,2016)。

四、情景鲁棒决策

"情景"是对未来情形以及能使事态由初始状态向未来状态发展的一系列事实的描述,记作 $E_k(t)=(e_1(t),e_2(t),\cdots,e_m(t))(k=1,2,\cdots,l)$,其中 k 是时间 t 的函数,其关键因素满足重要性和不确定性,在任意时刻对应取得一个 k 值,即对应取得一个 $E_k(t)$ 的值,此时,情景只是在"时刻"意义的,我们称之为"情景截面",记作 $E_k(t_i)=(e_1(t_i),e_2(t_i),\cdots,e_m(t_i))(k=1,2,\cdots,l)$,其中 t_i 表示时刻。同时,在时间演化过程中所有可能的情景称为"情景簇",它们共同组成了"情景空间",记作 $E(t)=\{E_1(t),E_2(t),\cdots,E_l(t)\}$,见图 4-1。

决策情景不唯一性体现在以下几个方面:

(1) 情景中各主体间交互行为及主体与环境间交互行为不唯一。随着时间的变化,每个主体行为 $e_i(t)(i=1,2,\cdots,m)$ 是随机变量,能随机地取数据(但不能准确地预言它取何值),不仅具有自身固有行为概率 $p_i(t)(i=1,2,\cdots,m)$,若对于离散型随机变量 $e_i(t)$ 的可能值

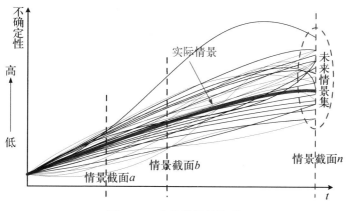

图 4-1　决策情景的构成

$e_{ik}(t)(i=1,2,\cdots,m;k=1,2,\cdots,n)$ 发生的概率为 $p_{ik}(t)$，记作 $p_i(e_i(t))=e_{ik}(t)=p_{ik}(t)(i=1,2,\cdots,m;k=1,2,\cdots,n)$。对于每个主体行为的所有可能值，有离散型随机变量分布列：$\sum p_{ik}(t)=1$；若对于连续性随机变量 $e_i(t)$，有 $\int p_{ik}(t)\mathrm{d}x=1$；而且各主体之间产生交互行为(关联、演化)的影响概率为 $p(ij)(i=1,2,\cdots,m;j=1,2,\cdots,m)$，记作 $g(e_1(t),e_2(t),\cdots,e_m(t))=0(t\in T)$，其中 T 表示情景演化的时间跨度，主体实际行为发生概率为 $p_i(t)(i=1,2,\cdots,m)$。此外，由于自然环境 $\hat{e}(t)$ 和社会环境 $\bar{e}(t)$ 均与各主体产生交互(关联、演化)，因此，它们均可看作时间变量及各主体行为的函数，进一步地可分别表示为 $\hat{h}(\hat{e}(t),e_1(t),e_2(t),\cdots,e_m(t))=0(t\in T)$ 及 $\bar{h}(\bar{e}(t),e_1(t),e_2(t),\cdots,e_m(t))=0(t\in T)$。

(2) 情景要素的值(选择)是随机环境(时间)马氏链。假设情景包含 m 个不同的情景关键要素，且各要素分别有 $n_1,n_2,\cdots,n_l$ 中不同的可能"值"(选择)。初始时，由于各情景要素的选择及交互关系，某时刻的情景具有很大的随机性，设初始时各情景要素的概率(以重要性及不确定性为指标)分别为 $p_1,p_2,\cdots,p_m$，那么，对于第 $x(1\leqslant x\leqslant m)$ 个要素到第 $y(x<y\leqslant m)$ 个要素，考虑每时刻各要素的概

率,明显地,($n+1$)时刻的情景只由 n 时刻各要素的状态决定,与 n 时刻以前无关,记作 $p_{xy}(n)=\{$情景在时刻 n,要素 x 到 y 的交互概率$\}$,则情景构成了以 $(p_1,p_2,\cdots,p_m)$ 为初始状态,以

$$P(n)=\begin{bmatrix} P_{11}(n) & \cdots & P_{1m}(n) \\ \vdots & \ddots & \vdots \\ P_{m1}(n) & \cdots & P_{mm}(n) \end{bmatrix}$$

为转移矩阵的马尔科夫链,由于其转移矩阵随时间变化,将时间看成"环境",情景要素的值(选择)则构成了一个随机环境的马尔科夫链。

因此,可以说社会系统的演化过程在一定的意义上具有马尔科夫性,即在某一时刻所处的状态已知的条件下,过程在该时刻之后所处的状态只和该时刻有关,而与该时刻以前的状态无关。

(3) 多种可能的演化路径。这是由深度不确定导致的,有可能出现新的未来状态,记作 $H(e_1(1),e_1(2),\cdots e_1(i),\hat{e}(t),\bar{e}(t))=0(i=1,2,\cdots m)$,这是情景在演化过程中产生的涌现现象。而真实的情景很有可能就是演化情景簇的一种(见图 4-2a)。由于情景中不同主体间以及主体与环境间交互关系不确定,随着时间的推移,从"现在"状态到"未来"状况的情景路径是多样的,而真实的情景路径只是这情景簇中的一种(见图 4-2b)。然而,有些未来状态不在我们的预测之中。

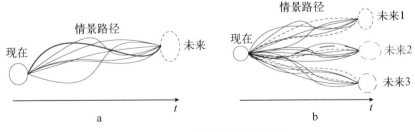

图 4-2 决策情景演化路径

由于许多预测的不可靠性增加,对未预料的事件重要性的敏感性增加,能够参与对未来具有很大的不同期望的利益相关者的决策支持

过程的需求增加,使得情景鲁棒决策越来越受关注。鲁棒决策通过描述多个可能未来集合的不确定性,寻找识别对不确定性不敏感的决策情景。正因为一类问题面临深度不确定性,决策者只能识别并评估鲁棒决策,而不是最优决策。

鲁棒性是指策略达到规定的性能水平的不确定范围。任何决策都有决策目标,即决策者希望决策方案达到的效果。如果生成的未来情景状态达到决策者的期望,决策方案是好的;反之,没有达到决策者期望水平的未来情景状态是脆弱的,称为脆弱情景。对深度不确定性决策问题的研究,目的在于寻找脆弱情景,追溯到其对应的不确定因素的范围,从而明确决策情景的鲁棒性,帮助决策者做出鲁棒决策。在决策生命期中,若决策方案与环境之间不存在交互作用,决策方案在决策的初始点就确定了,在决策的终点也是唯一的;若决策方案与环境存在交互作用,决策情景是多样的,存在于三维空间(见图 4-3)。

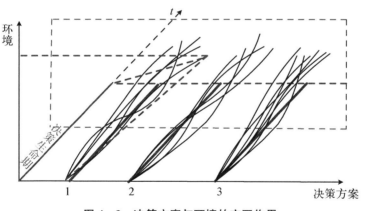

图 4-3 决策方案与环境的交互作用

"鲁棒"的核心思想是对许多可能的未来的世界状态都满意。在实际的决策过程中,决策的鲁棒性是不确定范围,它不是离散的一些不确定量,而是连续的。例如,不确定要素 $\alpha \in (0,1)$,假设在一个能够达到满意的策略的不确定要素中分别加入 $\alpha=0.2$ 及 $\alpha=0.4$ 时,该策略变为不满意的,那么这两种情景是脆弱的,需要决策者避免;而且 $\alpha \in$

(0.2,0.4)时均会生产脆弱情景,即初步确定了该不确定要素的敏感范围。当然,这一过程是循环缩小的过程,需要多次重复,最终确定不确定范围(与真实范围越来越接近的)。

针对具有深度不确定性的决策问题,决策情景鲁棒性具有特别的意义。通常我们最关心的是环境的变化对决策方案造成的影响,即决策方案能否在变化的环境中保持自身的功能,称为决策情景正问题。决策方案是有时空跨度的,尤其是在大时空决策方案的生命期里,环境也会在决策方案功能的释放过程中发生新的变化,而这些新的变化又会影响决策方案的功能,涌现出新的决策情景,这时,决策方案对于环境的新变化还能否继续保持自身功能,称为决策情景逆问题。因此,决策情景正逆问题需要决策方案能够对决策情景的深度不确定性是鲁棒的,即能够很好的免疫和恢复。

为了区分这两类问题,分别用决策方案显鲁棒性和决策方案隐鲁棒性来研究:决策方案决策情景正问题达到规定的性能水平的不确定范围称为显鲁棒性;对于决策情景逆问题,决策方案达到规定的性能水平的不确定范围称为隐鲁棒性。总之,不管环境是自身变化的,还是由于决策方案引起的变化,我们关注的是决策方案对于环境变化是如何应对的。这两种鲁棒性加在一起才是所要研究的情景鲁棒性,尤其是隐鲁棒性,在深度不确定的重大决策问题中更加值得防范,避免诱发出现新的危害情景。

第五章
管理情景的复杂性降解原理

第一节 管理情景的复杂性降解的基本内涵

　　管理情景的复杂性降解是指在管理复杂性基本特征认知的基础上,管理主体对管理情景的复杂性层次(如物理类、组织类等)、要素(环境、目标、问题、方案等)的认知不断加深,提升管理情景复杂性的可理解性,并最终使之"相似"于管理情景的固有复杂性的过程(或阶段)。管理情景的复杂性降解可以从以下两个方面来理解:

　　一方面,"降低"管理情景的复杂性,即通过提高管理主体的智能性等手段来缩小管理主观认知复杂性与客观固有复杂性之间的差距,此时仍保持管理情景的固有复杂性本质特征。降低可以从认识论层面来理解,管理情景的复杂性主要是主体在信息交流过程中可理解的复杂性,即对管理情景的复杂性的可理解性。此时,需要管理者通过自学等方式提高自身管理能力,从而不断缩小自身认识到的复杂性与客观复杂性之间的差异。虽然管理者对复杂性的理解不能做到与客观复杂性完全相同,但对复杂性的理解会越来越深刻。

　　另一方面,"分解"管理情景的复杂性,即管理主体基于不同层次、不同维度,对管理情景进行问题、目标、环境等的划分,此时难免会"丢失"(简化、抽象等)管理情景的部分复杂性,但仍保持其固有复杂性本质特征。分解可以从本体论层面来理解，此时整个管理情景的复杂性使得管理者无从下手。首先可以从不同纬度、层次将管理情景的复杂性划分为不同的相互关联的部分，如管理目标的子目标、管理问题的子问题等；接着只考虑整体复杂性的部分复杂性，如可以先考虑一个管理目标；最后再添加更多一部分的管理情景的复杂性，循环反复即可。总而言之，"先分块，后挑选，再不断添加"。需要说明的是，不管管理情景的复杂性的划分方式如何，在经过有限步的复杂性部分添加之后，管理者所考虑的全部的情景复杂性必须具备原有管理情景的客观复杂性的基本特性，如管理环境的深度不确定性、管理目标的动态性等。

需要说明的是：第一，在具体管理实践中，需要同时使用复杂性降低和复杂性分解两种方式来降解复杂性。复杂性降解不能单从降低复杂性的角度来考虑，否则就违背了管理情景的复杂性的根本特性；同时，复杂性降解也不能单从分解复杂性的角度来考虑，否则容易将管理情景的复杂性简化成一般工程管理情景的复杂性。第二，管理情景的复杂性降解过程强调的是管理情景复杂性的关联性（即复杂性要素、层次之间的相关性）。管理情景复杂性的关联性主要是针对复杂性分解而言的，通常管理情景的复杂性是由各种不同程度复杂性的管理情景要素导致的，因此需要分清哪些关联是一类的、哪些关联是因果关系等，以利于从复杂性关联层次来更好地理解并刻画管理情景的复杂性"轮廓"。第三，管理情景的复杂性降解目的是强调管理情景复杂性的收敛性（即管理情景的固有复杂性特性）。管理情景复杂性的收敛性是针对复杂性降解结果而言的，不管采用何种方式来理解复杂性，都不能"丢失"固有复杂性特性，更不能使得固有复杂性特性发生"似曾相识"（感觉好像是管理情景的复杂性，其实可能只是一般管理或者企业管理等其他领域的管理手段）或"面目全非"（没有体现管理情景的基本特征）的结果。第四，关联复杂性降解与分解（是还原性）具有本质区别，复杂性降解并不完全是还原性的思想，它是由系统论思想来指导的，具有"双向性"。它一方面是复杂性结构分解的"还原论"方向，一方面是复杂性子结构之间关联关系"涌现"的"系统论"方向,这也是本书关于"管理情景的复杂性降解"最初的指导思想,并在管理情景的复杂性降解路径中得到体现。

第二节 管理情景的复杂性降解原则

一、管理情景的复杂性降解的功能有效原则

管理情景的复杂性降解的功能有效原则,即降解不能损害作为决策方案的物理复杂性。具体而言,物理复杂性是针对决策方案硬结构而言的,即硬资源在系统意义下的关联、分(子)系统之间的关联等,对于决策方案物化功能具有重要影响,它直接关系到决策方案质量、生命周期和综合效益。从物理上讲,在自然规律与技术原理支配下,硬资源要素之间的关联形成了决策方案的硬结构。而决策方案的物化功能,以工程为例,就是人们当初建构工程的目的,如公路通车、桥梁行人,此即工程在系统意义下的基本功能。至于现代大型工程,除了其基本功能之外,一般还具有多层次、多方面的其他功能,如工程的社会功能、军事工程、文化功能等,形成多元功能体系。因此,管理情景的复杂性降解首先必须保证决策方案实体的物理复杂性,使得实体能够有效发挥其基本功能。

以重大工程管理为例,首先工程是以各种必要的硬资源为要素组成的系统,其次在整合要素形成工程的过程中,必须要有序整合工程硬资源的工程组织与管理系统,它们是工程实现其基本功能的支撑与保证。工程既然需要工程主体对资源进行有序和有效的整合,那么,能否有序(有效)、有序(有效)程度的高低,都取决于工程主体的能力和水平。实践证明,在物化工程的过程中,工程主体对于工程的认识、对工程资源的整合方式与效率、对工程活动的有效控制能力等最终都将成

为创造优质工程的前提与保证。

降解不能损害作为工程实体的物理复杂性,要保证工程实体的整体功能。如战国时秦国太守李冰父子主持修建都江堰水利工程就是生动的例子。都江堰由"鱼嘴"岷江分水工程,"飞沙堰"分洪排沙工程、"宝瓶口"引水工程三项巧妙结合而成。这三个主体工程与120个附属渠堰工程形成相互连接的有机整体,缺一不可。没有"鱼嘴"工程就不可能把大量沙石排入外江;没有"宝瓶口"的束水作用和"宝瓶口"附属部分,离堆的顶托就不会形成回旋流,泥沙就过不了"飞沙堰";没有"飞沙堰","宝瓶口"就会被沙石阻塞,内江之水就无法流入成都平原。正因为都江堰这个整体发挥了三个孤立部分所发挥不了的作用,所以才能分导汹涌的岷江急流,使它驯服地灌溉14个县500多万亩农田。再如港珠澳大桥工程采用桥隧组合方案,其物理复杂性集中体现在海中桥隧工程,总长约35.578公里,若把隧道部分去掉,此时工程物理复杂性确实变得简单了,但去掉隧道后就不是港珠澳大桥了,即损害了工程实体的物理复杂性,也是万万不可取的。

二、管理情景的复杂性降解的序参量原则

管理情景的复杂性降解的序参量原则,即优先对管理情景中最突出的复杂性要素(序参量)进行降解。具体而言,包括管理情景的复杂性要素分层(抽象问题)、排序(主要矛盾和次要矛盾)两大部分。

序参量原则的第一步就是将管理情景的复杂性分为不同的层次,复杂性层次划分的本身就是降解。因为管理情景的复杂性具有多个层次,包括工程物理层、组织层等,且每个管理情景层次中又可分为不同的复杂性种类,如工程物理层包括工程技术复杂性、工程环境复杂性等。这就好比医院分为不同的科室,包括门诊部、住院部、急诊部、药房、收费室、化验室、生化室、检验室、病理室等,其中,门诊部又分为内科、外科、儿科、妇科、眼科、耳鼻喉科、口腔科、皮肤科、中医科、针灸推拿科、心理咨询室等。只有对管理情景的复杂性的层次性有了理解,才

能更好地认识复杂性的性质及类别,从而采取不同的管理方式来针对性地应对不同层次的复杂性,达到"知己知彼"。

那么,在管理情景中应该如何选取不同的复杂性要素进行降解呢?这就是复杂性要素降解的顺序问题。应根据各个要素复杂性程度(由具体工程实践来判断)的高低不同将其排序,并优先对管理中最突出的复杂性要素(序参量)进行降解。这是因为,不能同时解决所有的管理情景的复杂性,若把管理情景的复杂性比作一个人生病程度的严重性的话,降解复杂性就是该病人到医院去看病的过程。序参量原则就是决定该病人应该先去看哪个科室的问题,也许他同时患有胃病、眼病等,但医生通常会先关注病人最紧急的症状,不会同时胃开刀、眼也开刀,会有轻重缓急的先后之分。因此,管理情景的复杂性降解也要求我们不能一下子同时应对所有的复杂性,总会找出我们认为最突出的复杂性并进行降解。

当然,并没有绝对的突出复杂性和一般复杂性,两者是相互联系、相互依赖、相互影响的。突出复杂性支配着一般复杂性,一般复杂性又会影响突出复杂性,甚至两者在一定条件下可以相互转化。例如,当突出复杂性得到解决或基本解决时,可能会使一般复杂性变得突出起来,成为新的突出复杂性。因此,在管理情景的复杂降解中,序参量并不是一成不变的,管理者需要根据具体的管理实践进行适时、适量的复杂性要素分层及排序过程,保证每次应对的复杂性均为当前阶段最突出的管理情景的复杂性要素,最大化地实现降解效果。

再如,青藏铁路工程管理情景的复杂性主要由以下两点工程建设难题造成:一是青藏铁路格拉段全线海拔高度大于 4 000 米以上的地段达 965 公里,二是要通过的连续多年冻土地段达 550 公里。其中,青藏高原多年冻土区常见的不良地质现象有:大面积、厚度很大的厚层地下冰、热融滑坍、热融沉陷或热融湖(塘)、沼泽化湿地、冰锥、冰丘和爆炸性充水鼓丘、融冻泥流等,相比于其他路段的铺设(相对较简单),这成为青藏铁路工程管理情景的复杂性降解的最突出要素,也使得青藏铁路称为世界级的复杂性重大工程。

三、管理情景的复杂性降解的逐步迭代原则

管理情景的复杂性降解的逐步迭代原则，即对管理情景的复杂性的认识以及管理主体由此进行相应的降解是一个逐步由不知到知、由知之不多到知之较多、由知之片面到知之全面、由知之肤浅到知之深刻的过程。具体而言，这主要体现在：第一，管理情景的显性物理复杂性及隐性系统复杂性描述、梳理必然是一个不断认识与深化的过程。第二，在概念上把管理情景确定为是"这个"系统，而不是"那些"系统不仅需要管理主体个体认识上的深化，而且需要汇集多个主体的认识并形成群体共识，这个过程在实践中一般要经过多次反复和提升。第三，要对这个"管理情景"的复杂性进行有效的管理与控制，需要确立管理情景的输入、输出及输入/输出的转换机制，这是一个从可能的输入、输出及转换机制集中选择、拼装、组合的过程，即一个探索与"试错"的过程。第四，管理情景状态的改善特别是对管理情景的方案有效性需要综合评估，因此，要制定评估目标、建立评估结构与准则、确定评估程序和方法，特别是要对复杂管理情景进行综合评估，这需要经过不是"一次"而是"多次"对比才能完成。

通过逐步迭代原则，减小对管理情景的复杂性认识的模糊和不确定，逐步实现从比较无序、比较片面、比较模糊、比较无结构化（认识、方案、效果）向比较有序、比较全面、比较清晰、比较结构和比较优化的过程，这一过程要经过多次重复、反复和修正，在具体工程实践中，就是一个比对、逼近与收敛的过程。当然，逐步迭代原则并不是要无限做下去的，每个管理情景的复杂性降解的逐步迭代都有适合工程自身的"停机准则"，也就是说，并非迭代次数越多效果就越好，极有可能会丧失管理情景的固有复杂性。需要经过有限次迭代之后停下来，因为此时的管理情景状态既能够保持管理情景的复杂性的固有特性，又能让这种管理情景的复杂性可以驾驭。在管理情景的复杂性降解过程中，降解结

果不是一蹴而就的。因此，不要急于用简单的思维找到最优方案，而应不断认识、及时沟通、反复比较，最终获得较为满意的折中方案。从该视角来看，管理情景的复杂性降解的目的不在于最优，而在于不断优化。

管理情景的复杂性降解的逐步迭代原则也体现在降解路径（反馈）上，包括从结果到原因的再思。假设对于管理情景的某一类（或某一种）复杂性，经过一次降解之后，降解之后的复杂性应对方法（结果）是否最大限度地满足了最初管理情景的复杂性（原因），包括应对方法对最初管理情景的复杂性的基本驾驭能力，即决策方案本身能够不受最初管理情景的复杂性变动的大的影响。

四、管理情景的复杂性降解的可预测性原则

管理情景的复杂性降解的可预测性原则，即降解仍能保持系统与环境的和谐相处。具体而言，降解要能够把握系统全生命期内的大致发展方向，并且不对工程环境造成大的"伤害"。这是由于管理情景的固有复杂性，使得决策方案实体在全生命期内与环境之间相互影响、相互制约；对于工程管理，从时间演化的角度来看，重大工程早期的管理理念对工程的影响是持久甚至是不可预测的改变。因此，在对工程管理情景的复杂性降解时，需要在当前阶段确定工程在未来较长一段时间的"演化路径"是大致可预测的，即相信降解"尽在掌握"，能够控制在预测的"情景"之中，从而保证工程的功能有效性。

其中，管理者预测的最重要的"情景"之一就是保持决策方案系统与环境的和谐相处，不仅能够保证决策方案实体的物理性功能的有效实现，还要不对环境产生大的影响，尤其是一类"破坏性""不可逆转"的影响。若发生了该类情况，说明管理情景的复杂性降解后的"认识复杂性"与"真实复杂性"存在较大偏差，使得"认识决策方案系统"与"真实决策方案系统"的演化路径大相径庭，两者并没有相同的"核"——管理情景的固有复杂性。

管理情景的复杂性降解的可预测原则要求管理者能够准确抓住管

理情景的复杂性的基本特性,使得降解后的决策方案系统演化路径能够尽可能与我们头脑中存在的决策方案系统演化路径"相似",这一点最主要的外在表现就是决策方案系统与环境是否和谐相处。如同病人在不同科室分别接受不同的诊断并进行相应治疗,医生"自认为"是能够预测该病人在未来一段时间病情的发展趋势,并希望能够治好(能够像健康人一样正常生活的状况);当然,有时会发生一些超出医生预期的状况,医生希望能够基本在其诊断中,而不是完全没有预料。事实上,在复杂性降解过程中,管理者的任务是使目前这种管理方式既能够代表真实决策方案系统的客观复杂性,又能够在决策方案全生命期内与工程环境和谐相处,这也是复杂性降解的长期目的。

第三节 管理情景的复杂性降解路径

一、管理主体智能性的复杂性降低

(一) 管理主体自学习能力的复杂性降低

管理情景的复杂性一方面源于工程管理问题自身的客观复杂性,一方面源于管理主体对管理问题的认知复杂性,通常认为某个管理情景复杂,是因为自身对管理情景复杂性的驾驭能力不足;对于同一个管理情景的复杂性问题,智能性相对较高的管理主体自然认为该问题是相对较好驾驭的,因为管理情景复杂性的驾驭能力取决于管理主体认知复杂性与客观复杂性之间的相对差距。因此,提高管理主体的智能性能够更好地驾驭管理情景的复杂性,即缩小了相对差距,从而"降低"了管理情景的复杂性(尽管客观管理情景的复杂性实质上并未改变)。

自学习是提高管理主体智能性的复杂性降解有效路径。在某种意义上,主体的复杂性管理能力在于其学习能力,这是因为认识管理情景的复杂性、驾驭管理问题、提高管理能力等都涉及对管理情景的客观复杂性的认识,并力图实现从认识论上的必然王国向自由王国过渡,实现这一过渡的根本途径就是学习,特别是自学。管理主体的"自学"是指管理者在实践中自觉地通过多种途径和手段获取知识并内化为自身素质和能力的自我发展、提高和完善,是管理者成为真正主体并不断增强自主性、提高处理管理情景的复杂性能力的过程。特别对于工程管理情景的复杂性而言,管理主体只有自觉地自学才能从不知到知,从知之不多到知之较多,从知之不全到知之较全,从知之不深到知之较深,才能在这一过程中提高驾驭管理复杂性和实现创新的能力。比如,苏通大桥是重大的基础设施工程,对于工程建设过程中的重大关键技术方案的管理,除了在业主层次召开专家会议外,还积极发挥省、部协调领导的作用。江苏省人民政府与交通部于 2003 年 9 月 2 日联合发文聘请以国际桥梁界知名专家、两院院士为主的大桥技术顾问 9 人,并组建了由 26 人组成的苏通大桥技术专家组。根据工程建设需要,这次会议又增聘了国际结构混凝土协会名誉主席、诺曼底大桥总设计师米歇尔为技术顾问。这是通过提高重大工程管理主体智能性来降低复杂性的实践案例。

管理是包括各个专业、各个领域的综合性系统,管理主体要驾驭在整个过程中出现的管理情景的复杂性,其学习的外延和内涵应该是广泛而全面的,既包括自然科学与工程技术,又包括经营管理,还包括国家法律、法规及文化、哲学。管理主体的自学是一项持久而有序的运动,学习的内容、重点、方式将随着工程的进展不尽相同,但无论怎样,学以致用、博采众长、理论联系实际等学习原则对于决策主体是基本的、重要的。

(二) 管理主体信息支持的复杂性降低

提高管理主体自学能力主要是为了使管理主体在形象思维、顿悟与经验上,在流程控制、模型参数调整、意见归纳、方案遴选等方面都能发挥主导作用。试图通过提高管理主体的定性思考能力,减小管理主体认知情景复杂性与客观复杂性之间的相对差距,但这对于重大工程管理情景的复杂性来说是远远不够的。已经存在的和正在挖掘的知识广如汪洋大海,而人的学习时间、记忆能力、工作精力都十分有限,这就严重限制了个人对知识的掌握、理解和利用。同时,对管理情景而言,仅仅依靠人的经验是无法完成的。因为任何人都不可避免受到阅历、性格、情绪、思维方式、价值观的影响,对信息做出的判断往往是片面的、甚至是错误的,仅以此做出的决策有可能是错误的。当今以计算机技术、通信技术为代表的信息技术的发展,以及在多学科基础上形成的信息处理系统,可以完成信息搜集、处理、存储和传递等一系列工作,甚至可以实施计算机智能化控制。例如,由于大型工程施工地域广泛,现场管理难度大,只有用先进的通信技术和网络手段才能对施工现场进行精准、实时的监控,这样工程管理人员进行现场控制不仅有了"千里眼""顺风耳",而且更聪明、能力更高。

不难看出,最终形成的管理情景的方案,其内容已经不再是初始的某一个方案,它既广泛吸取了群体中多个成员的经验、知识和智慧,又融合了不同层面、不同领域的群众、专家和领导的意见,甚至还通过计算机技术听取了计算机的"意见",这就是复杂性管理情景过程中的群管理。一般地,对于某个管理情景问题,首先要广泛地征集个体意见,并将意见汇总后交由不同专家(群体)组成的专题组研究(同时借助于各种信息技术与定性定量分析),对不同方案进行分析和评估。进一步地,在更大范围内,对这些分析和评估的结论进行论证,包括对方案进行修正、组合和完善,在最终方案形成之前,还需要对不同方案进行比对。因此,管理者把大量的各种信息与知识(包括经验知识)及许多人的聪明才智和前人的智慧(通过书本的记载或知识工程中的专家系统)与精准、实时的数据和信息统统综合集成起来,最终"降低"管理情景的复杂性。

二、管理方案比对与逼近的复杂性分解

(一)管理技术旋进式的复杂性分解

管理技术旋进式思想可以具体化技术创新方案的形成为"不断比

对、逐步逼近、最终收敛"的过程,如在重大工程技术创新管理中的施工方案,它关系到工程质量、安全、进度及风险防范等重大工程目标的实现。方案中涉及技术、设备和人,涉及业主、施工单位、设计单位等,涉及组织、文化及经济等多个领域,既有工程规律、又有管理规律和人文规律,具有多方面的系统复杂性。因此,在确定施工方案的过程中,有关于概念模型的比对、方案效果的比对,甚至细化到设备的比对、人员的比对、施工工艺的比对等,技术创新从需求规划到科研管理再到成果转化,也是一个逼近工程需求的演进过程。例如,在苏通大桥主塔基础冲刷防护工程施工期间,为了控制施工质量,先后召开了18次技术组会议和3次领导小组会议,分别对防护工程的总体实施方案、实施计划安排、关键施工工序与工艺、施工监测与监控方案、质量检验评定标准等一系列关键问题进行研究。

一般来说,技术创新可以通过多种路径实现,如购买新技术、在已有新技术的基础上改造、二次开发以及原始创新等。但是,不论哪一种形式的技术创新,工程建设主体都面临着关于创新路径的选择、模式设计及机制优化等一系列创新管理问题,从工程建设技术创新的过程看,创新管理更为关键和重要。一个国家级的重大工程项目,涉及面宽,技术难度高,对它的管理当然是困难的。除了一般常规的管理之外,不妨试试"旋进式管理"的思路(王浣尘,2002)。简单地说这将至少涉及三个方面的"旋进",即多层次展开的旋进、外延展开的旋进以及分解分工与综合集成的旋进,共同构成重大工程管理技术旋进式的复杂性"分解"路径。

类型1:多层次展开的旋进,指的是理念、理论、方法论、思路、技术、实现以及应用等众多方面的关联与旋进,而其旋进则可以从任何一点到另外的任意一点跳跃地推进(跳跃路径的任意性代表了关联性)(王浣尘,2002)。管理技术复杂性被分解成不同的层次,在抽象的具体层次上反复研究和开发,使较为繁杂而困难的研究开发任务被更好地应对,属于管理复杂性降解的有效路径。

类型2：外延展开的旋进，指的是调研、技术、应用等多方面的反复推进，而不是同时平均用力齐头并进。调研是研究开发中的一项基本功，不单在国内调研，也必须对国外进行调研。必须从多方位展开对技术的研究开发，但限于人力物力和财力，众多方面的技术也不可能平均用力齐头并进，实际应用更有难度，所以必须从点到面，逐步推广(王浣尘，2002)。

类型3：分解分工综合集成的旋进。对于一项繁杂而又艰巨的研究开发项目来说，必须给以分解分工，而后再进行综合集成，反复推进，在工程系统整体上实现技术创新管理。

以上三种类型实质上是"关联—切割—再关联"的过程，或者可以理解为"由点到面"的过程。首先，管理者试图将管理技术复杂性(看作一个"机器")切割为结构不同的部分(不同的"零件")，然后对这些部分逐一攻破，找到相应的管理措施，最后再将这些部分"拼装"(考虑关联性)成原来的"机器"，实现彼此的适应性及管理技术创新。这种管理技术旋进式其实是分解了管理技术复杂性，虽然管理技术客观复杂性并未降低，只是管理者看待复杂性的视角不同，使得管理技术复杂性看起来有了"骨架"，而非毫无头绪的(庖丁解牛：了解牛的骨架使得"解牛"这件客观上很复杂的事情变得简单了)，因此，它属于管理情景的复杂性降解路径之一。

(二) 管理方案比对与逼近的复杂性分解

管理情景复杂性的挑战之一就是寻求管理方案的技术路线难，因为复杂性存在于管理过程中，管理方案不能"一蹴而就"，需要主体进行多次比对、调整才能逼近。比如，苏通大桥技术跨越大使它的风险比一般工程建设更大，虽然苏通大桥指挥部进行了大量的试验和关键技术攻关，但不是所有的工程问题都能通过试验和攻关一次性彻底解决，而工程的建设又不能因此而停滞，这时就需要管理者在现有能力的范围下制定出较为可行的方案，并且不断地深入认识和完善。从这种意义上讲，管理过程也可以看作是对管理方案的比对与综合评价的过程，如何将单项评价变成综合评价,特别是复杂性管理情景过程中存在目标、方案与管理环境的强烈变动性和管理主体偏好的适应性与灵活性等情况,评价更加不能简单地进行。

一般来说,"不断比对,逐步逼近,最终确定"是过程管理的一种普遍模式,特别是对复杂性管理中一些重大问题,如工程前期管理、施工方案等,涉及工程多方面目标,涉及工程多个主体,涉及技术、设备和人员的整合,涉及组织、经济与文化多个领域的协调,既有工程规律,又有管理规律和人文规律,因此具有多层次、多领域、多方面的复杂性,必须通过多次比对、逼近才能确定。管理中的逼近与收敛是从整体与最终管理过程的角度来说的。在管理过程的某个阶段或某一个具体问题上,由于人对系统复杂性认识上的局限,可能会出现比对的失误和逼近的反复,但由于管理主体具有自学习、自适应能力,能够通过自学习和自适应提高自身的管理能力,进而修正这类失误。方案的比对和遴选一般不存在"绝对最优解",由于目标多元性,每个方案都只能是"非劣解",而从众多的"非劣解"中确定最终满意的方案(停机准则),即是管理情景的复杂性降解路径之一。如圆面积公式的求解过程能够直观地描述逼近、收敛的过程,先用圆的内接三角形的面积来近似圆的面积,明显存在较大误差;接着用圆的内接四边形来近似圆的面积,明显也存在误差;以此类推,用圆的五边形、六边形……来近似圆的面积,这一过程就是用多边形的面积来不断地逼近圆的真实面积,显然是越来越接近真实面积的。这个过程可以无限地做下去,逼近的次数越多,越接近真实值;但在实际工程管理复杂性中,只需进行有限次的逼近,并收敛于某一个管理方案(作为真实值),具体逼近的次数要依据实践的要求和允许条件(即圆面积的精度问题)。

三、管理目标凝练与统筹的复杂性降解

(一)管理目标凝练的复杂性分解

管理目标的多样化导致管理情景面临复杂性(如目标选择及优先

性排序问题)。比如,重大工程管理目标包括工程建设的直接目标(投资、工期、质量等)、政治目标(国家外交力、国家战略资源竞争力等)、社会目标(经济发展水平、交通等)、技术目标(技术创新等)等,面临众多管理目标,管理者需要凝练出对工程建设最重要的目标来代表所有工程管理目标。目标的凝练就是精简各类目标,理顺目标间的相互关系,并形成目标体系。例如,苏通大桥在比对桥隧方案时,最终凝练出安全与工程技术成熟度这两个最重要的目标;在选择拉索供应商时,则把促进行业技术进步和国家科技创新这一目标提高到了重要的战略地位。

管理目标凝练是复杂性分解的重要途径,体现为建立管理目标的层次性。目标具有层次性,位于最高层次的是战略目标,它揭示了管理方案的综合目的和意义,是主导目标;下面依次是策略性目标和执行性目标等,分别用以表述管理方案的领域目标、实施计划或措施(黎疆军,2007)。例如,对于苏通大桥而言,自主创新、博采众长,安全、优质、高效地建成世界一流大桥是苏通大桥工程层面的直接目标(尹亚红,2007);同时,工程是国家宝贵的战略资源,应充分依托工程建设培育企业创新能力、培养创新人才、形成关键技术成果、带动相关产业进步、促进社会、经济的发展,则是工程更高层面的目标(尹亚红,2007)。这样,苏通大桥就承载了依托工程,探索重大工程创新体系、培育企业创新能力、形成关键技术成果的行业层面的目标,以及提升技术平台、带动相关产业发展、提高国家竞争力的国家层面的目标。可见,苏通大桥工程建设目标呈现出层次性的特征。在目标的确定上,建设初期比较容易形成直接的工程层面的目标,而行业层面和国家层面的目标一般是随着对工程认识的深化和使命感的增强逐步提升和扩展的。随着工程目标自上而下的不断分解、细化,逐渐形成了一个完整的、明确的、具体的、可实施控制的目标体系,即"分解"了重大工程管理复杂性。

这里,管理目标凝练在一定程度上弱化了管理目标的强关联性。首先,在同一层次的管理目标并不是完全割裂的,部分工程目标之间一般存在着紧密的关联(如工程的质量、进度和投资三大目标之间相互关联),而且它们的实现也许会衍生出新的管理目标,只是它们之间的关联性"强"使得我们无法驾驭由此带来的管理复杂性。因此,我们试图分解这些目标;其次,隶属不同层次的管理目标之间也未必是严格因果关系,只能说"容易导致"或者"很可能导致",也许管理者凝练的这些目标并不能完全表示工程管理的全部目标,姑且把管理者凝练出来的目标集合称为"目标核",这也是管理情景的目标复杂性降解路径之一。

(二)管理目标统筹的复杂性降低

管理必须充分考虑各凝练目标之间的对立统一关系,注意统筹兼顾。在管理目标凝练的基础上,进一步从系统整体出发,对目标进行系统化和全局性的归纳,实现可明晰的度量,即为管理目标的统筹。具体包括以下几个方面:其一,部分管理目标具有不可加性,如某个目标是多个相关小目标加和而成,不同时段的工程进度之和即为整体进度。但还有部分工程目标是不可加的,目标不可加性首先是同一属性的目标不具简单可加性,如风险、安全等,不能认为若干个"小"风险之和就是工程"大"风险;其次是不同属性的目标之间由于缺乏公度而不具可加性,如我们无法将工程质量指标以某一个系数即转换成工程安全指标。其二,决策方案中的冲突无处不在。比如,为了实现较快的进度目标和更好的质量目标,就必须投入更多的资源,但投资存在着约束限制,这就产生了冲突。其三,目标并非一成不变,由于外部环境的变化或不可预见事件的发生,会导致目标的变化。其四,决策目标体系应是稳定的、均衡的,片面地、过分地强调某一个目标常常会损害另一些目标,造成全局意义上的缺陷。其五,决策目标体系中位于不同层次的目标具有不同的重要性,且在不同决策阶段的同一层次的决策目标的重要程度也会发生变化有所不同。对于各个目标的重要程度,可赋予相应的权重,确定其优先级,并依据目标的优先顺序开展综合评估工作。

管理目标统筹从系统整体出发,"平面化"了层次性管理目标的,也是复杂性分解的重要途径。从宏观角度,管理目标统筹要求局部目标服从整体目标,这在一定程度上忽略了一些"微不足道"的管理目标的实现需求，"降低"了目标管理情景的复杂性；而且考虑目标在技术与管理上的可实现，由于技术等方面的能力有限，有时管理者并不能实现"最远大"的工程目标，只能在现有条件的允许下尽可能地实现这些目标，这就迫使目标更容易、更可能实现，即"降低"了管理情景的复杂性。从微观角度，管理目标统筹需要解决目标之间的冲突问题，需要协调冲突目标并以动态观点来协调，难免会"顾此失彼"或者"照顾不周"的情况发生，实现整体目标的协调一致性，从而"降低"目标复杂性。特别是对风险具有重大影响的管理目标及容易出现变异的目标，管理者需要做出相应的定位（甚至难以作出判断）。这种"即时性"判断与目标"长期性"变异相比，也是"降低"了管理情景的复杂性。

四、管理问题多尺度转化的复杂性降解

管理情景的复杂性通常具有多尺度性，包括大时间尺度、大空间尺度及高复杂尺度，具体解释如下：

在管理情景复杂性的时间尺度上，一方面，有些决策方案生命周期历时十几年，甚至长达几十年、上百年，尤其是基础设施工程的建设周期一般都比较长。决策周期如此漫长，不可预见的因素增多，风险增大，可能产生各种变动因素。政治、经济因素的影响更是不能忽视，可能遇到资金来源的变动、政策的调整变化等。另一方面，管理项目即使是在形式上极为相似的项目，如果实施时间和地点不同、环境不同、项目组织不同，那么项目面临的风险也是不同的，所以它们之间无法等同，无法替代。因此，管理项目都是一个独立的管理过程，因而既要承担风险又必须发挥创造性。

在管理情景复杂性的空间尺度上，一方面，许多项目本身所占的地理区域十分广阔，参建人员数量庞大，还有很多人员来自不同的公司，甚至是不同的国家，这种地理上、空间上的庞大来源和分布，给人员的沟通、组织、管理都带来了巨大挑战。另一方面，项目需要特殊的组织来完成，由于社会化大生产和专业化分工，项目可能有成百上千个单位

参加,比如小浪底水利枢纽工程,分为 1、2、3 标,每一个标的中标单位都是来自几个国家的联营体,共有来自 40 多个不同国家的人员参与小浪底工程的建设,要做好这么多来自不同国家和地区的、具有不同背景的人员的组织和管理工作,显然更是一项异常复杂的工作。

在管理情景复杂性的复杂尺度上,正由于管理时间尺度的长期性导致风险性、一次性导致多样性,地域广阔规模庞大导致沟通障碍、参与方众多导致协调障碍,使管理愈加复杂。

大尺度管理问题通常表现为演化性,这是由管理情景的深度不确定的本质特性决定的,管理者不能准确预测系统演化路径,甚至不能预测准确预测演化结果。中尺度管理问题通常表现为动态性。该类问题边界模糊、状态变动、不存在最优方案只存在满意方案。此时管理者能够大致预测到管理问题发展的结果,只是发展过程不是一成不变的,而是动态波动的。小尺度管理问题通常表现为静态性。此时的管理问题几乎没有不可预测的变量,它会沿着固定的、唯一的轨迹发展。大尺度管理问题可能具有大时间尺度,大空间尺度或高复杂尺度,抑或具有其中之一或之二。中尺度管理问题具有大时间尺度,大空间尺度或高复杂尺度,抑或具有其中之一或之二。小尺度管理问题具有大时间尺度,大空间尺度或高复杂尺度,抑或具有其中之一或之二。需要说明的是,大尺度、中尺度和小尺度之间并非严格割裂,比如中尺度和小尺度通常会含在大尺度中,同时动态管理问题中通常也会包含静态管理问题。

因此,在管理过程中,动态问题转化为静态问题、大尺度问题转化为小尺度问题或中尺度问题即复杂性降解。管理动态问题向静态问题的转化实质上是减少了管理情景的复杂性要素的数量,此时只需按照一般工程项目管理方法即可应对。同时,在时间尺度上,可能会用目前一段时间的工程有效性来表示决策方案全生命期的有效性;在空间尺度上,可能只会考虑管理实体有限范围的地理空间的影响,而忽略一些关联性较低的空间范围;在复杂尺度上,会把实际上较复杂的影响或因素看作一定程度上的复杂性,而不会考虑全部的管理情景的复杂性要素或只考虑管理情景的部分复杂性要素。总而言之,管理问题多尺度转化的复杂性降解本质上是减少了管理情景的复杂性要素的数量或者降低了管理情景的复杂性要素的复杂性程度。例如,管理环境的深度不确定(考虑决策方案较长生命期),为了将这种深度不确定"降低",即深度不确定程度"不那么厉害",管理者可以考虑较短决策方案生命期中环境的演化,这都是可以理解的(因为在决策环境深度不确定的条件下,人的预见能力显得格外无力)。

另外,根据管理问题结构化程度(是指某一管理问题的管理过程、环境和规律,能否用明确的语言给予说明或描述清晰程度或准确程度),管理问题可分解为可结构化部分、非结构化部分及半结构化部分。因此,对管理问题的局部性分解,根据问题要素之间的关联程度,主要包括三种形式:一是可分解,先降解再复合(管理问题要素关联性较弱,可直接分解;且几乎可不考虑这种关联)。二是近可分解,先降解再结合(管理问题要素关联性较强,可直接分解;但必须充分考虑分解后彼此的关联)。三是不可分解,通过预设(简化)再降解(必须适当简化管理问题要素关联性才能分解)。这其中,既要考虑管理问题要素间的关联性程度,又要进行适当的尺度转换,最终分解并降低管理情景的问题复杂性。

多尺度转换在一定程度上实现了复杂性降解,同时也会造成新的管理问题。正因为多尺度转换基本上是"减少"了管理情景的复杂性,这一过程难免会丢失一些重要甚至"小"的(可能会演变成"大"的)复杂性要素,如把决策方案影响范围人为地缩小了或者决策方案功能有效期想象地过长了等问题。因此,管理情景多尺度转化的复杂性降解同样涉及降解有效性度量的问题。

五、管理环境"情景"压缩的复杂性降低

管理情景的复杂性的主要来源之一就是管理环境的深度不确定性,我们笼统地把系统环境的演化过程称为"情景",决策方案的功能有

效性的关键就是实现决策方案实体与环境之间的"适应性"。

在决策方案的长生命期里,管理者不能断言"一定会发生什么"或"一定不会发生什么",只能说"可能会",这就给管理者带来了严重的复杂性。我们总是希望决策方案实体与环境之间是相互适应的,未来发展状况是清晰的,但这在实践中通常是不可能的。面对这样的管理情景的复杂性,我们只好"降低"复杂性,想要知道情景未来"很可能"的状态就是满意的了,这就体现了管理情景的复杂性降解思想,其在实践中也是极其重要的。

当然,管理者总是希望未来发生的实际情景能够在其预料之中,所以管理者预料的情景集合最好能够代表所有可能发生的实际情景,或者发生概率相对较大的实际情景,即缩小了实际情景的数量或有效范围,从而"降低"了管理情景的复杂性。管理环境的"情景"压缩实质上是"降低"了管理情景的复杂性,是管理者人为地忽略了未来情景的全空间要素,而只考虑其中最可能发生的情景及其发生的阈值。当然,管理者认为考虑到的这些情景"基本上"是能够代表情景全空间的,这在一定意义下也是可以理解的。具体而言,管理者仍需要采取一些措施来实现情景缩小(缩小表示情景演变时间变短了,也不是情景发生概率变小了,而是对于整个情景空间变小了)的目的:

(1) 情景耕耘(借助计算机生成)(数据耕耘本身也是复杂性降解):管理者常常面临数据不足、经验有限等情况,此时可借助计算机等现代技术进行辅助管理,得到更多有效的信息并更好地预见更多可能的未来,从而确定未来情景空间的"特征值"(这里仅指发生概率较大的情景部分)。

(2) 情景发现(极端情景):经常会出现令人"大吃一惊"的情况,即极端情景的发生,管理者面临的另一大复杂性挑战就是应对这类情景。因此需要确定情景的范围、边界,决定哪些情景的发生是工程能够"接受的",也就是情景的"阈值"问题,管理者总是希望极端情况也是在其设定的工程适应"阈值"之下的。

需要补充说明的是，一些决策环境往往涉及新的管理问题，此时管理者需要在情景耕耘及情景发现技术中加入新的元素和自变量或限定条件来降低管理情景的复杂性。

六、管理系统强关联性"切割"的复杂性降解

决策方案要素之间具有强关联或资源之间具有高度集成化的特点：一方面，决策方案实体不再只是材料、设备及技术的"集成"，信息及组织正成为决策方案实体的不可分割的部分，这就使决策方案成为一个更深刻的复杂系统，决策方案形成成为构建复杂系统的过程。例如，工程各部分之间的集成性提高了，工程各部分之间的横向影响与交互作用更为强烈，甚至超过系统层次之间的相互作用，在影响范围上，有些相互作用不仅是局部的而且是系统全局的，甚至能支配系统的整体行为。这时工程设计不再完全是可预测的，因果关系变得不是那么直接和显然。另一方面，由于决策方案要素之间的高度集成性，决策过程中一些小的因素变动有可能被放大，甚至形成大的、系统级的后果，因此，决策风险往往是大范围的、连锁的，风险的"因"与"果"之间的距离大大拉长了，决策风险表现得更具不可预见性和突发性。对这样的情况，常规的安全管理措施往往"收效甚微"甚至失效，有时正常操作都会因因果关系不清而使情况变得更糟。一个平时看似正常的操作，在高度集成的系统中，恰恰有可能增加或改变系统的关联性并加剧系统复杂性。

这就不得不对复杂系统管理情景中的一些问题做出新的思考：第一，决策目标不再局限于原来的决策方案的直接目标，而需要有很大的拓展，由于决策主体对于决策方案的认识和理念不同以及决策方案形成不断向前推进，决策目标本身可能不再是固定不变或难以被规定的；第二，决策方案形成与管理思维除了借鉴以往的经验外，更要注重理念、制度与方法的创新；第三，决策方案除了技术上的可行性之外，还要考量方案对系统集成和主体对系统复杂性控制能力的影响；第四，决策

约束除了一般决策必须考虑的资源、技术约束外,还得考虑更为广泛和潜在的约束,如对社会、经济和文化等方面的约束;第五,管理效果的衡量及评价一般会从更综合和更系统的角度考虑。

一般把上述新出现的情景复杂性思维称为决策系统中的动态复杂性,我们必须十分重视这种动态复杂性形成的系统复杂性。例如,对于重大桥梁工程,有些部分是机械力学原理在起作用,有些部分是水力学原理在起作用,现代桥梁的健康监控还涉及电子信息科学与计算机科学。在工程建设过程中,时时处处还有人在起作用,而人又是最复杂的社会主体,人有思想,有利益驱使,人的行为受文化、教育、心理与生理等因素的影响,人与人还组成团队、利益集团、企业等。这无一不增加了工程软资源系统的复杂性。虽然有些作用与影响可能只是局部的,但动态复杂性可能使这些局部作用与影响变成全局性作用与影响。而工程是在构建"全局",因此,如何超越机械、电子、信息、个体的人、群体的人的"局部",并在"全局"层次上管理、组织、控制好工程建设,本身就是十分复杂的问题。

需要指出的是,一些系统原先某一部分与另一部分之间的关联可能是松散的,但由于系统内部出现了故障,正是这一故障导致了原先松散的关联变得紧密了。例如,交通系统中桥梁中断,行人与渡船的联系就紧密了;私家车发生故障,车主与公共交通的关联也变得紧密了。不难理解,具有强关联的系统在系统行为和特性将表现出更多的复杂性,同时也更易使要素故障"升级"为系统事故。

管理情景系统的强关联"切割"就是根据管理情景要素之间的关联性,管理情景系统分为不同的部分,认为各个子部分"几乎"是彼此独立的,这是因为:"切割"主要是针对彼此关联性较弱而言的,管理者一般是不会将明显彼此强关联的情景要素分开的,而是认为它们可以属于同一个部分。相比之下,那些关联性较弱的情景要素(或部分)就会被切开,分成不同的类型。而且,关联性切割也不是一次性的,它可以适时地做下去,同样具有"停机"约束。

七、管理资源集成平台的复杂性降解

资源集成平台的作用在于为产生驾驭管理情景的复杂性能力、提供资源支持以及创造必要的环境。不同的主体在面临具体问题时拥有不同的资源半径。例如，政府在大型工程建设管理中具有处置公共性事件、关键资源协调等方面的独特优势。因此，资源集成平台由具有较大资源半径的多元主体构成；遵循开放界面原则，平台具有完全的开放性，相关资源动态进出于这个平台；平台具有一套运行机制，保证进入这个平台的资源有序运转。

资源集成平台的运行机制遵循自管理原则及协同原则，其中自管理包括自反馈、自调节、自组织。资源集成平台中的资源主要是指能够承担相应工程任务的"活"的主体资源。主体具有适应性，会根据环境的变化而进行自我反馈、调整，并进行自组织。面对这些"活"系统，平台的运行机制不能采用刚性的干预，应以主体自管理为主，平台则更多的利用柔性的协调与诱导，使众多主体产生既有利于自身也有利于实现工程目标的协同行为。多元主体通过资源集成连接在一起涌现出单个主体所不具备的功能。以工程组织为例，工程组织体系的"连接"可以理解为聚合多元参建主体的组织模式，具体包括投融资模式、管理承包模式、建造承包模式等。大型工程规模大，不同标段根据特点灵活采用不同的组织模式，如果把每一个参建单位比成一块积木块，那么"组织模式"就决定了若干块积木块组合在一起的形态。组织模式的设计表现为以下管理情景的复杂性降解形式：

（1）传统的工程项目管理理念下，工程组织成员之间是一种风险转嫁、利益对抗的关系。随着在这种关系下所产生的建设项目各方义务、责任、风险、利益分配等纠纷日趋不断，以及工程质量事故的频频发生，通过各方合作共同解决问题实现工程目标已成为各参建主体的共同期望。尤其是重大工程蕴含着更高的风险及不确定，更需要各方的通力合作以实现多赢。伙伴模式、动态联盟、战略联盟等合作关系均是共生关系的具体形式。

(2) 自然界的体系会通过不断改变自身以适应环境的变化,包括结构上的改变,行为上的改变以及心理上的改变等。工程组织体系结构设计应具有柔性,能够随环境的变化及需求的变化而迅速地改变、迅速地适应。

(3) 解决一个复杂问题是一个自上而下地把系统逐层划分成若干模块的过程。在系统的结构中,模块是可组合、分解和更换的单元。模块化是一种处理将复杂系统分解成为更好的可管理模块的方式,它可以通过不同组件设定不同的功能,把一个问题分解成多个小的、相对独立、互相作用的组件。重大工程组织众多参与主体相互作用,其关系交错复杂,管理这样一个复杂的网络,需要通过模块分割管理,以降解其复杂性。DBB(Design-Bid-Build)、DB(Design-Building)、EPC(Engineering Procurement Construction)、CM(Construction Management)、PM(Project Management)等项目管理模式实际上是不同的模块分割方式。模块化分割要尽量保证模块与模块之间相对独立,但又不能分割得过细而忽视了其中的联系。

第四节 管理情景的复杂性降解的有效性度量

管理情景的复杂性降解的有效性内涵:管理者希望更好地认识并驾驭管理情景的复杂性,一方面是通过提高自身智能性来缩小差距,一方面是通过分解复杂性结构并相对降低管理情景的复杂性。不管具体哪种复杂性降解方式,均是基于系统的思路,有的是小系统思路,有的是大系统思路而已。

对于管理情景的复杂性的小系统思路就是对复杂性管理的方式是集中式的(见图5-1a),此时管理者不能够对客观管理情景的复杂性做些什么,也许是"太复杂"了,所以降解方式是通过提高自身的智能性;对于管理情景的复杂性的大系统思路主要是针对客观复杂性结构而言的,具体又包括三类:第一类是分块分层次式(见图5-1b),此时管理者将复杂性划分为不同的层次,并逐一对不同的层次进行复杂性降解(部分的复杂性自然比整体复杂性要"轻"很多);第二类是分块协调式(如管理目标的统筹,见图5-1c),此时管理者需要协调不同的管理目标之间的冲突,最终确定的管理目标在一定程度上不能包括所有目标的需求,因此也是对管理复杂性的降解;第三类是分布网络关联式(见如图5-1d),这是为了说明所有复杂性降解最终没有改变管理情景复杂性的固有特性,可以说管理情景的复杂性是具有"可拓展性"的,即降解过程也许减少了网络(客观管理情景的复杂性)的一个或几个节点(降解中失去的复杂性要素及其复杂性关联),但是网络中其他留下的部分节点往往能够起到替补或替代的作用,使整个系统往往还能保留原有的复杂性的功能,或者还能运作而发挥原系统(客观管理情景的复杂性)的部分功能,即具有"结构健壮性"。

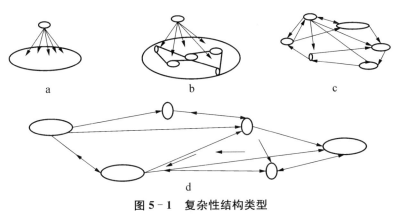

图 5-1 复杂性结构类型

这里需要注意两点:其一,虽然我们希望管理情景的复杂性程度相对较"轻",并试图减小认知复杂性与客观复杂性之间的差距,但实质上客观管理情景的复杂性是不变的,它不会随着降解而改变,只是管理者主观上对客观复杂性的认识相对更容易了,从而更好地进行复杂性管理。其二，复杂性降解总是试图朝着"简单化"的方向发展，如结构的分解等，但这并不是纯粹的还原论，在降解过程中，想要"了解、认识"客观管理情景的复杂性，只能从复杂性的某一个侧面来认识它、理解它，难免会将其结构进行分解，时间证明这种分解对管理来说也是颇具效果的。

关于管理情景的复杂性降解的有效性度量问题，前文也提到了"停机准则"，因为复杂性降解的有限性导致了降解有效性度量的问题，即复杂性降解到什么时候是"有效"的。这里有必要对这个问题进行思考，毕竟它对整个管理是异常重要的，若复杂性降解不当，要么过量降解简化了复杂性，使其变成了简单或一般复杂的问题，要么就是降解不够，使得管理情景的复杂性依然无法解决。但是，这样一种或一类可能的复杂性降解度量方法或标准到底是什么样的呢？这个问题目前仍处于探索之中，但应该不会是完全定量化的度量体系，对于不同的具体工程，面临管理情景的复杂性不同而有所差别的，可能也是一些总体原则、思路上的度量有效的概念。

本 篇 小 节

本篇主要从管理研究中方案功能与环境的长尺度耦合、基于深度不确定的决策情景鲁棒性以及管理情景的复杂性降解原理三个方面来探讨情景在管理学中的相关理论。

在管理研究中方案功能与环境的长尺度耦合部分，首先，从决策认知发展、决策问题认知以及决策质量评价维度来分析决策方案质量评价。接着，以工程复杂性为例，通过梳理复杂性定义及特征，并总结现有研究存在问题，分析管理情景的复杂性。最后，以重大工程决策为例，通过分析其决策环境的本质特征、决策方案功能的内涵与特征、决策方案功能构成，探讨决策方案功能与环境的长尺度耦合关系。

在基于深度不确定的决策情景鲁棒性部分，首先，从决策的不确定内涵及不确定来源两方面来分析决策问题面临的深度不确定困境。接着，从决策的一般不确定性、深度不确定性以及应对决策的不确定性三个层面对决策不确定性进行反思。最后，在梳理鲁棒性、决策鲁棒相关理论研究的基础上，对情景鲁棒决策进行认知，并最终形成基于深度不确定的决策情景鲁棒性的相关理论探索。

在管理情景的复杂性降解原理部分，首先，从管理情景的复杂性"降低"与"分解"两个维度界定管理情景的复杂性降解的基本内涵。接着，分别从管理情景的复杂性降解的功能有效性原则、序参量原则、逐步迭代原则以及可预测性原则四个方面形成管理情景的复杂性降解的基本原则体系。最后，从管理主体智能性的复杂性降低、管理方案比对与逼近的复杂性分解、管理目标凝练与统筹的复杂性降解、管理问题多尺度转化的复杂性降解、管理环境"情景"压缩的复杂性降低、管理情景系统强关联性"切割"的复杂性降解以及管理资源集成平台的复杂性降解等方面，给出管理情景的复杂性降解的具体实施路径。

第三篇

管理学研究中的情景方法

第六章
情景分析方法

第一节 情景分析方法概述

传统决策分析方法主要有预测方法、多目标决策方法、多目标优化方法、竞争型决策方法及模糊决策方法等,其有效性范围是简单决策问题系统。随着人们对决策系统的情景复杂性的认识越来越深入,决策系统由简单向复杂、开放复杂巨型化方向发展,环境问题、可持续发展等具有大时空尺度情景的决策及时空尺度虽然不大但情景变动强的应急决策等复杂决策问题展现出复杂性、深度不确定性等特点,情景类型与决策方案之间是高度关联的,决策主体的决策结果高度依赖于情景演化,使得以数理为特征的决策方法难以辅助决策者做决策。随着计算机技术的成熟与发展,人们尝试使用决策支持系统辅助决策。

一方面,一些学者通过决策支持模型来诠释工程决策,主要采用多准则评价及成本收益分析等方法研究工程决策中的效益与优化问题,并采用多属性的市场价值评估等方法研究工程决策的设计与优化问题。同时,由于决策的风险评估是提高决策鲁棒性和保障决策有效性的必要环节,群决策、模糊方法及计算机仿真等方法相继应用于风险评估。此外,部分学者以群体决策支持系统及智能决策支持系统等专项支持系统来诠释决策。另一方面，国内外学者尝试将一些定量分析方法集成到情景模型来实现决策者实时把握情景的需求。

然而，大时空尺度决策问题的复杂性、所面临环境的动态性和不确定性、对经济社会等影响的广泛性和深远性、决策信息的不完备性、决策者的有限理性等多种因素，使得这类复杂决策的难度较一般决策大大增加，试图通过提高数理模型方法的复杂性并不能应对这类复杂决策的复杂性问题。因此，这类复杂决策分析方法和决策支持亟待从方法论层面上进一步探索。

众所周知，在拥有大量历史数据而且关键变量间的关系在未来保持不变时，统计预测方法比较有效。但在动荡多变和错综复杂的环境下，统计预测方法因其基于关键变量间的历史联系的假设跟实际情况不符而很难奏效。与之相反，情景分析法因其明确地聚焦于长期计划的假设而显得格外突出。

情景分析法在西方已有几十年的历史。该方法最早用在军事上，20世纪40年代末，美国兰德公司的国防分析员对核武器可能被敌对国家利用的各种情形加以描述，这是情景分析法的开始。到20世纪70年代，兰德公司在为美国国防部就导弹防御计划做咨询时进一步发展了该方法。今天，许多世界著名的跨国公司，如美国的壳牌石油公司、德国的BASF公司、戴姆勒—奔驰公司、美国的波音公司等在制定战略规划时都使用该方法。

朱跃中(2001)提出：在进行情景设定之前，人们需要对过去的历史进行回顾分析，然后对未来的趋势进行一系列合理的(plausible)、可认可的(recognizable)、大胆的(challenging)、自圆其说(internal consistently)的假定，或者说确立某些未来希望达到的目标，亦即对未来的蓝图或发展前景进行构想，然后再来分析达到这一目标的种种可行性及需要采取的措施。

宗蓓华(1994)总结国外相关的研究成果后，认为前景分析方法有其本质特点：其一，承认未来的发展是多样化的，有多种可能发展的趋势，其预测结果也将是多维的；其二，承认人在未来发展中的"能动作用"，把分析未来发展中决策者的群体意图和愿望作为情景分析中的一个重要方面，并在情景分析过程中与决策人之间保持畅通的信息交流；其三，在情景分析中，特别注意对组织发展起重要作用的关键因素和协调一致性关系的分析；其四，情景分析中的定量分析与传统趋势外推型的定量分析区别在于其在定量分析中嵌入了大量的定性分析，以指导定量分析的进行，所以它是一种定性与定量分析于一体的新预测方法；其五，情景分析是一种对未来研究的思维方法，其所使用的技术方法手段大都来源于其他相关学科，重点在于如何有效获取和处理专家的经验知识，这使得其具有心理学、未来学和统计学等学科的特征。由于情景分析克服了传统的定量和定性方法的缺陷，对下列各种情况下的组织长期战略情景预测做出了前所未有的贡献：一是未来发展具有很强的不确定性；二是过去曾有多种突发性现象出现，但造成了很大的损失；三是未来有可能出现新的机遇和挑战，但依据并不充分；四是事物发展将或可能经历明显的跳跃；五是对未来发展有不同的意见，各种意见的分歧很大，而且各有一定的理由；六是在未来发展中有众多因素的影响，其中人为因素（决策的选择等）影响较为明显。有关战略的决策问题也都具有上述一些特征（不确定性、复杂性、重大性等）。

情景分析法也可以认为是在对经济、产业或技术的重大演变提出各种关键假设的基础上，通过对未来进行详细、严密的推理和描述来构想未来各种可能的方案。情景分析法的最大优势是使管理者能发现未来变化的某些趋势和避免两个最常见的决策错误：过高或过低估计未来的变化及其影响。为达到预测的目的，情景分析法强调对未来的构想。因为如果未来是不确定的，那么一定存在几种同样可能的未来，对未来各种情景的构想可以深化对影响系统中规律性的、可预测的东西和根本上不确定的东西的理解。

第二节 情景分析的步骤

情景分析法的操作步骤有一些不同的版本。比如,有学者将情景分析法分为十个步骤:提出规划的前提假设(develop planning premises)、定义时间轴和决策空间(define time horizons and decision space)、回顾历史(historical review)、确定普通和相矛盾的假设(identify common and conflicting assumptions)、为结构变量决定连接到多样性的指示(determine indicators for structural variable linked to divergence)、为填充决策空间而构建情景草案(build draft scenarios to fill the decision space)、为所有的竞争者草拟策略(draft strategies for all competitors)、将策略映射到情景(map strategies against scenarios)、使替代的策略有效(validate alternative strategies)以及选择或者适应最好的策略(select or adapt the most robust strategy)。

20世纪90年代末,中国能源研究所朱跃中研究员借鉴壳牌集团国际公司副总裁Ged Davis先生的做法,将情景分析步骤分为六步:一是建立一个核心研究小组。小组的成员要聪明(smart)、灵活(diverse)和果敢(brave)。二是明确研究小组研究目的,即利用情景分析法解决什么方面的问题、解决这些问题的重要意义。三是有选择地与相关领域(经济、部门、技术、人口等)的专家进行座谈。四是根据研讨会上专家们对不同领域的前景展望,设定不同的未来发展情景,每个情景下还可以设定不同的方案,这一阶段属于情景构建阶段,并且借助一些模型工具对其进行量化。五是以研讨会或专家咨询(座谈)的方式对不同方案的情景设定、量化的指标进行评述和修订,然后将量化的指标输入相应的模型,对得到的结果进行定量分析。六是根据模型预测的结果,结合实现这些目标的情景假定条件,得到不同层面的政策措施(如技术方面、经济方面等),从而为有关部门提供决策依据(朱跃中,2001)。

娄伟(2012)在系统归纳分析情景分析学派、情景分析类型学的基础上,重点介绍了定性与定量情景分析法、回溯式与前推式情景分析方法,并创新性地提出了普遍适用于情景分析方法的 8S 技术。SWOT：对未来发展进行情景分析,首先需要了解当前的相关经济、社会、文化、环境等基本状况；Stakeholder：利益相关者分析法；Specialist：专家参与,利益相关者及专家参与是进行驱动力与关键不确定分析的主要方法,也是决定情景分析质量的重要因素；STEEP：是系统发现驱动力的重要技术；Scenario axes：通过构建两维或三维情景轴,可以通过识别具有高度不确定性的驱动力,发展情景逻辑,为构建情景框架服务；Script：在发展出情景逻辑后完善情景故事描述；Sensitivity analysis：主要是对情景结果进行分析,通过从众多不确定性因素中找出对项目评价指标有重要影响的敏感性因素,并分析、测算其对指标的影响程度和敏感性程度,进而判断项目承受风险能力；Simulation：随着计算机技术的成熟与完善,模拟与仿真技术在情景分析中的应用也越来越广泛。

除此之外,现在大多数国际组织和公司更常用的是斯坦福研究院(Stanford Research Institute,SRI)拟定的六个步骤：第一,明确决策焦点。明确所要决策的内容项目,以凝聚情景发展的焦点。所谓决策焦点,是指为达成企业使命在经营领域所必须做的决策。焦点应当具备两个特点,即重要性和不确定性。管理者的注意力必须集中在有限的几个最重要的问题上,而且既然情景分析法是一门预测未来动荡环境的重要技术,焦点问题必须难以预测,带有一定的不确定性,它们会产生不同的结果。如果问题十分重要但结果是能够确定的,则不能作为焦点。第二,识别关键因素。确认所有影响决策成功的关键因素,即直接影响决策的外在环境因素,如市场需求、企业生产能力和政府管制力量等。第三,分析外在驱动力量。确认重要的外在驱动力量,包括政治、经济、社会、技术各层面,以决定关键决策因素的未来状态。某种驱动因素如人口、文化价值不能改变,但至少应将它们识别出来。第四,选择不确定的轴向。将驱动力量以冲击水平程度与不确定程度按高、中、低加以归类。在属于高冲击水平、高不确定的驱动力量群组中，选出两到三个相关构面，称为不确定轴面，以作为情景内容的主体构架，进而发展出情景逻辑。第五，发展情景逻辑。选定两到三个情景，这些情景包括所有的焦点。针对各个情景进行各细节的描绘，并对情景本身赋予血肉，把故事梗概完善为剧本。情景的数量不宜过多，实践证明，管理者所能应对的情景最大数目是三个。第六，分析情景的内容。可以通过角色试演的方法来检验情景的一致性，这些角色包括本企业、竞争对手、政府等。通过这一步骤，管理者可以根据自己的观点进行辩论并达成一致意见，更重要的是管理者可以看到未来环境里各角色可能做出的反应，最后认定各情景在管理决策上的含义。

以上几类情景分析具体步骤表面看起来有很多不同，但究其实质，可以发现它们都有一个显著的共同点，就是对情景关键因素的分析，并一致认为这一步骤是否完善将最终影响各个情景预测的可信性与准确性。因此，企业在进行战略情景分析时，不管具体采用哪套标准，都应该加大对情景关键因素分析的比重，详细分析这一步骤在整个情景分析中的重要作用。这对企业成功地使用情景分析方法得出正确的结论有很大的意义。需强调的是该流程常常需要重复多次才能完成。因为有经验的研究人员都知道，预测最主要的工作是提出正确的问题。要理解世界的运作规律，首先需要发现恰当的问题。只有通过对设想的情景反复探讨而加深对影响系统的了解，才能发现恰当的问题。而影响系统太复杂，需要多次反复才能有比较深刻的理解。

第三节 "情景"理论体系的构成

经济学家对"情景"理论体系的构成有不同的看法。一个情景可包括结束状态(end-state)、策略(plot or story)、驱动力(driving force)

和逻辑(logics)四个要素,每个要素都可以多个方式发展,并且这些要素之间的相互关联导致了三种不同类型的竞争情景:第一种是即时情景(emergent scenarios)。这种类型由分析竞争者当前市场策略为起始,探讨如果竞争者改变他现在的策略将会出现什么变化。第二种是不受限制的"如果—那么"情景分析(unconstrained "what–if" scenarios)。这种类型来自开放式结局(open–ended)或者是不受限的"如果—那么"问题(unconstrained "what–if" questions),这些问题通常暗示着可能的结束状态,例如,一个完全新的竞争策略。第三种是受限的"如果—那么"情景分析(constrained "what–if" scenarios)。受限的"如果—那么"问题产生的情景需要构想出完全不同的计划,这些计划允许情景设计者深入地评估一些迥然不同的竞争者的行动和行动造成的结果。

同时,"情景管理"应建立在以下三个主要原则之上:其一,系统思考(system thinking)。传统的管理方法侧重于对单一个体的分析,忽略了对系统整体的认识,因此常常导致失败。所以必须加强对复杂系统的整体性分析。其二,开放式未来思考(future–open thinking)。因为未来不可能只有一种结局,因此,人们应该习惯把多种可能的结局考虑进来。其三,策略性思考(strategic thinking)。以前,公司一般都只会考虑可控制因素的变动性和成功。在20世纪70年代的经济萧条和石油危机到来后,"连续性的年代"终结了,企业家不再只重视眼前的利益,相反他们开始把长远利益考虑进来。策略性思考因此成为一个复杂和激烈环境中成功行动的保障。

情景分析法的最基本观点应该是未来充满不确定性,但未来有部分内容是可以预测的。这是由不确定性的特征决定的。如果对不确定性进行分解,可以发现,不确定性由两部分构成:一是"影响系统"中本质上的不确定因素。在这里,"影响系统"指的是影响某一事件的趋势或发展的,相互联系、相互影响的多种因素构成的体系。影响系统中本质上的不确定因素是无法预测的。二是缺乏信息和对影响系统的了解。如果采用比较科学、系统的方法来把可预测的东西同不确定的东西分离出来,通过对影响系统和其可预测的、规律性的因素的更多了解,就可以大幅度降低不确定性,从而能预测未来的某些发展。

第四节 情景分析的应用

一、企业管理领域

情景分析应用于企业管理领域时有两种类型:一类是把情景分析作为企业管理战略的制定工具。其基本思路是:先分析企业所处的环境,再创建企业发展的情景,再根据情景之间的逻辑关系将情景转化为企业规划。这样做的优点是为日后调整规划留下了足够的空间,以适应环境的变化。另一类是将情景规划作为一种激励手段,用于人力资源管理,意在调动员工的积极性和创造性。一般来说,管理领域的情景规划多数没有使用定量分析工具,而重在利益相关者参与情景分析的具体过程。

二、经济评价与预测领域

情景分析用作一种评估与预测思想时,是其他学科的理论和方法的综合集成。因此,多数进行经济评价与预测的研究者,通常选择某种定量分析工具,对一些指标进行量化评估,再借助定量工具得出不同情景下的发展状况,然后对这些结果进行比较、分析,提出相应的措施与建议。国内外运用情景分析进行经济评估与预测的研究非常多,主要有:

(1)交通规划领域。上海海运学院宗蓓华教授在交通部重点软课题"情景分析方法在港航企业中应用的研究"中,首先在国内交通运输企业发展战略制定中应用情景分析技术。在交通部"八五"重点软课题

"海南省交通运输30年发展战略相关研究"中,宗蓓华教授又将情景分析方法做了进一步完善和深化。该课题以海南交通发展为案例,采用情景分析方法和随机网络为研究关键技术,从海南省交通运输发展与宏观经济相关关系着手,对海南省公路、水运(港口)发展的规模、布局、时序做了重点分析,为海南省2020年交通运输发展战略的制定提供了科学的决策依据。

(2)农业发展领域。北京农业工程大学卢凤君教授在《农业发展情景分析模型及其应用》(《中国软科学》1994年第7期)一文中,首先简要说明了选用情景分析的理由和选用系统动力学模型作为情景分析的定量工具的原因;然后从人口与劳动力、农业发展需求、调节控制、乡镇企业发展等四个方面构建农业发展情景分析模型;接着用这个模型模拟了20世纪90年代我国农业发展的两种极端(最好与最坏)情景、一种中间情景和在中间情景基础上形成的反映体制改革和政策选择影响的情景;最后得出了有关我国农业发展的若干结论,作为农业发展的政策参考。

(3)能源需求领域。国家发改委能源所"中国能源需求情景分析"课题组戴彦德、朱跃中、刘志平完成了"2020年中国能源需求情景分析"的研究课题,其基本思路是:首先预测终端需求的发展趋势,以整个社会发展规划和各个产业部门的发展规划为基础,设定不同情景,展示未来我国社会经济发展、能源以及环境等方面之间可能出现的各种可能性;提出不同的经济发展和能源供求方案,再配合节能技术市场这种"自下而上"的方法,充分优化配置,从而提高整个社会的能源效率及经济运行效率,达到在市场经济条件下实现节能的目的。朱跃中研究员在很多研究中经常使用 LEAP(Long-range Energy Alternatives Planning System)模型预测能源需求,但在这篇报告中作者并没有明确指出他们所使用的定量分析工具。

(4)气候变化领域。英国 Met office 的 Hadley 研究中心开发出来的"地区气候变化模拟系统"是气候变化情景分析的典型代表。使用该系统时,研究人员首先输入地区范围、时间、情景设置等变量,然后由计算机利用已经开发好的定量分析模型,对各种情景进行模拟,最后,计算机以图形程序包的形式输出模拟结果。研究人员利用这些结果对气候变化进行评判,提出相应对策,供决策者参考。

第七章
情景鲁棒性决策的关键技术

第一节　情景生成方法

在管理研究中，传统决策通常具有信息不明确、静态横向多目标、目标最优性、求最优解、参数设定、主体行为物理性以及决策组织刚性等特征，而复杂决策问题对传统决策有了进一步的新认知，比如，情景不明确、纵向动态多目标、情景适应性、共识形成的逼近与收敛、情景生成与预测、主体行为社会性以及决策组织柔性等。

本书前文已对"情景"做了论述。"情景"被作为基本概念引入管理研究的理论体系中，这样做的出发点是复杂决策环境的深度不确定，已不能简单地用状态与参数设定等来描述其整体现象，而需要用"情景"概念来进行刻画。同时，前文指出了情景概念在评价深度不确定决策质量时起着重要作用，并用情景鲁棒性作为其决策质量的重要评价指标。

在实际的复杂管理活动中，主体能够感知的是正在发生和形成的现实情景，称为即时情景。但许多复杂管理活动不仅需要了解即时情景，而且还需要预测未来情景，有时还会重构过去情景。例如，重大工程前期规划认证时，需要对不同工程方案进行分析和比对，这就要把不同方案对应的"虚体工程"放到未来的工程环境情景中，形成重大工程——环境复合系统情景,再分析不同的情景将产生怎样的整体效用与风险,以此来比对不同工程方案的优劣。再如,若对某已作出的重大工程决策进行评估时,也可能要再现该工程某一过去情景,这最好是能够对过去情景进行重构,在情景"回放"中分析当时管理主体的决策行为选择。由此可见,预测和重构复杂环境决策情景,是复杂管理理论研究中一类重要的研究方法。

其实,如何生成情景一直是人们在管理研究中所关注的方法,例如,有学者在研究企业战略决策时,将企业未来可能遇到的情景进行构成因素分析。在此基础上,挑选出若干重要因素,并对它们进行不同的组合,一种组合对应一种情景,由此归纳出几种情景,再分别在这些情景下,研究企业如何选择战略。

不难看出,这样的情景生成方法反映了人们如下的技术思维:

(1) 假设所有的情景都是可以完全了解的,人们完全确知有哪几种情景出现,各自出现的可能性有多大。

(2) 所有的情景都是可结构化的。

(3) 所有的情景都是由人完全可构成的,如通过不同的规则与参数设定就得到不同的情景。

但是,复杂管理理论中的情景远比此复杂得多,特别是深度不确定、多时空尺度意义下涌现出来的深度不确定情景,绝不能仅用传统的简单方法来生成,而需探索复杂管理理论中新的关于深度不确定情景的生成方法。

既然是研究深度不确定情景的生成方法,那就要先对生成对象即情景的最基本特点进行进一步的梳理。复杂管理活动中的情景,无论是过去、现在还是未来的情景,都是包括物理世界、环境及人组成的复杂系统的整体行为,可以说,情景是演化的、涌现的和自组织的。另外,一个实在的情景一般同时包括结构化、半结构化和非结构化的组成成分。

基于研究的方法论视角,社会科学研究中的研究者通常以某种符号系统作为媒介来对社会系统进行描述,并对社会系统未来的发展做出预测。因此,可以用计算机的标准化和程序语言来描述自己的思想,并且通过计算机的辅助来论证过去、分析现状及预测未来。这一方法论原则就是关于深度不确定决策情景生成的基本路线,即在传统的定性、定量方法的基础上,借助计算机技术实现对深度不确定情景的描述、预测与重构。

特别是,任何深度不确定情景不仅是复杂的,还是该复杂管理问题所独有的,而且在整体上也是"稀缺"、少样本的。因此,一般不能指望从大量已知的复杂管理情景样本中提取其统计规律,而只能在少量宝贵的复杂管理情景样本或线索基础上,以计算机系统为"实验室",把少量宝贵的复杂现实情景概念与线索当作"种子"进行播种、培育,让其生长,最终得到各种不同的情景"果实",进而从这些"果实"形成的动态演化过程以及这些"果实"的类型、特点中分析、预测和重构关于深度不确定管理情景的知识与规律。这一关于情景生成的计算机模拟方法称为复杂管理理论研究中的情景耕耘方法(Sheng,2018)。

第二节　情景重构与预测

情景耕耘技术以计算机系统为"人造土地",构建一定的生态环境,把稀缺的情景作为"种子"播撒在人工土地上并收获到大量相关的情景,以进行情景重构与预测研究。情境耕耘方法是复杂管理理论中一类新的研究方法,以下对其进行较为详细的说明。

第一,情景耕耘方法是以复杂管理活动中的管理情景为核心,对情景进行"情景空间"定义下的计算机重构与预测。它是以"一个"或"一些"情景概念与线索为基础,通过预定义与假设,对"一类"具有相同本质和动力学机理的复杂管理现象进行"情景空间嵌入",即把该现象"嵌入"某一类管理情景空间中。这一过程对于复杂管理研究有着特别重要的意义。因为复杂管理情景从总体上说是稀缺的、不充分的,因此,这时需要根据特定的研究目的对这些少量的、珍贵的情景"种子"进行"耕耘"与"培育",让其"生长",进而"收获"更多的可能的管理情景,以丰富对复杂管理情景深度不确定演化及涌现路径的认知。

第二,从实际管理操作过程看,情景耕耘方法在某种意义上可以把过去和现在的管理情景现象"搬到"计算机系统中,在现实管理问题情景的计算机"替身"上进行可控以及可重复的播种,并通过生长结果描述复杂管理问题已经发生过和正在发生的情景的"昨天"与"今天",还可以在计算机上构建非现实、虚拟的深度不确定情景的"明天",展现管理问题——环境复合系统的未来情景图像。因为深度不确定情景的形成是自组织的,因此,其演化过程沿时间轴向后有其确定的路径,但向前不能确定。这些未来情景图像可能是过去与现在均未见过甚至是没有估计到的。这样,通过情景耕耘方法对复杂管理活动中"明天"情景(前景)的发现与推断,可以帮助管理者更好地预测复杂环境可能的发展未来,提前布局对可能出现的有害情景的防范,或更好地实现管理者所希望出现的情景(愿景)。

第三,深度不确定管理情景是一种复杂的系统整体行为,同时包括结构化、半结构化与非结构化成分。而情景耕耘方法作为一类计算机模拟方法,它必须能够对这样一类深度不确定管理情景进行抽象与符号化,并能够对管理情景中的核心要素与关联(称为核情景或情景核)进行结构化建模。这样,计算机系统才能理解和执行情景耕耘的程序和动作。由此可见,情景耕耘方法主要是运用计算机可计算的结构化技术路线来培育和生长情景,这一过程难免会损失和舍弃掉一些管理情景本来存在的半结构和非结构化成分。但是情景耕耘中运用了多种方法把管理情景中的一些半结构化和非结构化成分尽可能地抽象和符号化,还通过充分发挥研究者的形象思维与创新思维,以弥补结构化可能造成的管理情景损失。综上分析和管理实践表明,情景耕耘方法的确是目前重构、发现和预测深度不确定管理情景的一种有效方法。

由于深度不确定管理情景要素众多,同时涉及自然、经济、社会等多个方面,而且许多管理情景是在多时空尺度环境中演化及涌现而成的,因此,基于计算机系统的管理情景耕耘方法能够同时充分发挥计算机与"人"的各自优势,实现对管理情景复杂性和演化特性的重构与预测。也就是说,情景耕耘方法充分体现了研究复杂性管理问题的"人机结合、以人为主"的综合集成方法论。

第三节 情景建模与情景分析

情景耕耘方法是否有效,关键技术就是要能够对复杂管理情景进行建模。本节重点探讨情景耕耘方法中管理情景建模的思路与基本范式。

管理情景建模与情景分析是情景耕耘方法的核心内涵,需要采用"自上而下"与"自下而上"相结合的研究思路,即包括"自上而下"管理情景分析阶段和"自下而上"管理情景构建阶段。

(1)管理情景分析阶段:采用先总体后模块的"自上而下"的思路得到概念情景,进而得到结构化情景,归纳、抽象或概括出构建情景所需要的要素、关联、行为、结构和功能等,包括基元层次(主体的记忆、认知、偏好、行为等)以及系统层次(行政区域、社会系统、环境系统、行业、供应链等)、主体和组织层次(业主、企业、社会组织、政府等)(Baccarini D,1996;Bosch-Rekveldt M et al,2011)的内容,为构建管理情景做好准备。

(2)管理情景构建阶段:主要是把管理情景分析阶段得到的概念情景转化为计算机可实现情景。情景构建与计算机实现时,采用先模块后集成的"自下而上"的思路,通过研究微观层次的个体行为来获取宏观层次的系统整体涌现。从总体上解决好复杂管理系统的总体框架、结构和接口的系统设计,并从局部开展人工工程系统的微观问题和行为的分析。

事实上,利用情景耕耘方法对复杂管理进行情景研究是一个将现实情景与计算机情景不断比对、改进的交互过程,也是对现实情景认识不断提高和深化的过程。它综合运用社会科学、自然科学的多种理论与方法、通过人机交互(盛昭瀚 等,2012),模拟复杂管理系统演化路径,并通过运用虚实结合的方法,将计算机情景与现实深度不确定管理情景相互比对、综合评价,最终提炼出影响复杂管理系统演化与改善系统运行的关键因素与关键路径。

用情景耕耘方法对复杂管理问题进行情景建模时,首先要界定复杂管理问题的边界,确定所研究的管理系统本身以及与其密切相关的环境。这里的环境一般指自然环境和社会环境。对复杂管理情景一般采用自下而上的建模思路,其模型一般包括三个层次。

一是基元层次:基元层次一般由描述主体心理和行为活动的基本要素构成,是构建人工复杂系统和研究复杂管理系统演化问题的最基本层次。为了达到自身目标,复杂管理中的行为主体会根据环境的变化,不断调整自己的活动。行为主体的基元层次一般由储元、识元、适元、事元等构成。储元对应人类的记忆;识元对应于人类对外部信息的获取、判断和整理等认知行为;适元对应于人类的学习机制;事元对应于人类在记忆、认知、学习基础上进行决策后的实际行为。

简而言之,在上述基元层次中,主体识元对环境、主体层、系统层等外部输入信息进行认知,结合主体储元储存的信息,在主体适元的作用下,最后由主体事元表现出实际行为的意向。在此基础上,智能主体所表现出来的个体行为决策可以看作智能主体在一定的边界条件下,根据环境和其他智能主体的行为对其造成的外部影响,结合自身的属性、行为偏好和记忆等信息,经过整合处理后做出的选择。这种包括输入与输出的选择行为在计算机中可以用编码形式表示,由若干个选择编码构成的集合,构成了某一时刻某一智能主体的心理和行为特征。它可以通过模仿被复制,通过学习被传播,通过尝试而产生突变,也可能由于种种原因而被淘汰,智能主体的基元层次能够通过种种方式反映其内在的演化过程。

在情景耕耘方法中,对于智能主体的基元层次的构建本质上就是要构建一个智能主体的心智模型,即用来描述影响智能主体决策的心理和文化因素。它包括智能主体的生理、本能、心理、偏好、追求、想象、情感活动等。

二是主体层次:主体层次主要用来描述复杂管理系统中主体的行为特征。这里的主体包括复杂管理系统中的个体或组织等。对于单个个体而言,主体层次通常包括个体的秉性、角色、需求、关系、决策、行为等。主体的秉性如个体的悟性、智力水平、性格类型等;主体的角色如建设与管理中的业主、承包商、供应商等;主体的需求用来描述个体的各种目标和要求;主体的关系如业主与承包商、供应商之间的合作关系、朋友关系、博弈关系等;主体的决策如在若干种可供选择的方案中选出最优方法的过程,如技术创新决策、供应商选择等;主体的行为指主体依据其角色、关系、需求、秉性等要素在所处的环境中,作出某种行动。例如,供应商在供不应求的情况下而做出涨价的行动、业主中的某些人与承包商结盟而产生不合法的合谋行为等。对于组织而言,主体层次除了包括组织的秉性、角色、需求、关系、决策、行为外,还包括组织结构。组织的这些属性与行为与个体的相应属性与行为的含义相类似。但组织结构指组织内部的层级关系,如纵向上下级关系、横向平级关系等。

三是系统层次:管理系统的系统层属于系统的宏观层次,其描述的是个体与个体之间、个体与组织之间、组织与组织之间的各种关系。系统层所表现出的宏观整体行为是主体层的微观个体或组织在与环境相互作用过程中涌现出来的行为。管理系统的系统层次由一系列子系统构成,一般包括:① 环境子系统。环境子系统用来描述某个管理系统所处的环境及其变化情况。② 资源子系统。资源子系统用来描述研究管理系统时所涉及的自然资源和社会资源,如土地资源、各类能源、人力资源、财力资源、信息资源、设备资源等等。一般情况下认为资源是有限的。③ 社会关联子系统。社会关联子系统用来描述管理系统中各个独立决策主体通过分工、合作、竞争、交流等管理活动所形成的动态关联网络结构。④ 目标子系统。研究管理系统时,很多问题需要考虑系统最终要实现的目标,如决策目标、管理目标或目标优化等。⑤ 信息子系统。信息子系统用以描述需要关注的公共或私有信息的表述形式、信息种类及其传播方式。⑥ 智能主体子系统。智能主体子系统对应于智能主体层次,一般用于描述各个智能主体的行为演化过程。

研究者可以根据具体的管理问题需要对上述情景耕耘方法进行自下而上的基础建模框架,并可对建模框架进行细化或扩展。

情景耕耘方法一般按照标准的研究范式进行,才能保证情景耕耘结果的客观性和可信度。其研究范式一般包括以下五个方面:研究情景的界定、概念情景的形成、可耕耘模型的建立、情景耕耘模型的计算机实现以及评估与比较耕耘结果。

第一,研究情景的界定:在情景耕耘方法中,首先要界定所要研究的问题,即界定所研究的情景。研究情景的界定工作包括确定研究对象及其类型、寻找研究视角和切入层面、界定研究对象的时间和空间特性、设定模拟最终的目的等内容(盛昭瀚 等,2011;盛昭瀚 等,2012)。研究情景的界定要对研究情景的研究对象、空间特征、时间属性、环境与边界(自然环境、社会环境、环境模式等)等进行界定。

第二,概念情景的形成:在情景耕耘过程中,概念情景的形成需要研究者针对所要研究的复杂管理问题,根据研究的对象和目的,有选择地构造对象所处的环境和行为条件等,这些就构成了耕耘的基本假设。它建立在工程管理研究中某些被证明或证实了的原理、常识、统计规律等基础上,是情景耕耘方法研究的基础。

第三,可耕耘模型的建立:情景耕耘模型是计算机模型的一种。情景耕耘模型应该能够简单而直接地表达复杂管理系统复杂的情景和主体间的相互关联,可以使人们在比原问题所处的条件更为有利的条件下研究该问题。在情景耕耘模型设计的过程中,应该认真考虑以下建模关键点(盛昭瀚 等,2011)。系统环境的建模——不管是自然环境还是社会环境都是管理系统中主体的重要影响因素。因此,在建模过程中需要将系统环境与主体之间的关系考虑进去。主体对象的建模——将现实系统抽象为计算机模型,是情景耕耘方法实现的重要基础。耕耘模型不是也不可能是对复杂管理活动情景的完全复制,而是有选择地提取情景特征并创造性地构造情景表达方式。主体演化规则的设计——主体是情景的中心,主体行为规则的设计是耕耘建模的关键。在主体行为规则的约束下,主体在系统环境中经过多个周期的不断迭代,以揭示系统的演化趋势。耕耘模型数据结构的设计——主体在情景演化中一般存在着各种演进方式,其中包括主体与主体之间的数据交互、主体与环境之间的数据交互等,这些情景数据的交互,可以看作数据结构之间的操作。通过适当的数据结构描述来表达复杂管理系统的结构,解决情景耕耘方法中"耕耘什么"和"如何耕耘"的问题。数据分析与可视化表达——在耕耘的演化过程中,会产生大量的中间结果,对于这些中间结果进行分析和处理,可以得到许多有意义的启发与暗示。在耕耘演化过程中,还需要将耕耘的具体表达用形象的方式展示在计算机上,这就需要建立耕耘的可视化空间,以便让人们更直观地看到耕耘的演化过程,更形象地揭示耕耘的演化规律。

第四,情景耕耘模型的计算机实现:情景耕耘方法的实现更多地涉及计算机技术,包括设定情景耕耘的环境、变量、边界条件、关键算法、计算公式和模拟结果的可视化等多个环节。情景耕耘的实现过程一般采用自下而上的研究方法。从决定智能主体的基元层次出发,使智能主体根据变化的环境而不断学习,适应性调整各自的行为并相互作用,最终导致耕耘的演化。

第五,耕耘结果的评估与比较:一般情景耕耘的结果是一系列数据和图表,对这些结果的分析、评估与比较是一个很重要环节,它与研究结论直接相关。在结果分析完成以后,通过归纳、总结以及对现实情景和耕耘情景的比对,得到耕耘研究的结论,这些结论一方面应用于实践并指导实践,一方面可以形成新的学说和新的理论。

需要考虑的是,这些被"耕耘"情景能否完整地反映决策方案功能谱所有可能的演化路径,而不存在遗漏。也就是说,这些被"耕耘"出的情景所构成的情景空间不会是"塌陷的"(即是否具有完备性)。由耕耘生成的情景空间如果具有完备性,即情景空间中任何一个情景都应具有(概率测度为1的)"可达性"性,称之为情景耕耘的遍历性。情景耕耘技术的遍历性原理保证了它如同"扫地宝",具有"完备"的"几乎处处"把任何地方都扫到的功能,这保证了在"正交性"和"几何特性等价"意义下所构成的情景空间是"完整的",即情景耕耘能够预测和重构到"多少年一遇"的重大工程决策罕见(极端)情景。这一结论对大数据驱动下的"全景式"决策思想提供了基础性的理论支持。

第八章
情景强依赖性决策方案形成

第一节 情景强依赖性决策问题提出

无论是大时空尺度情景决策问题(如重大工程决策等),还是时空尺度虽然不大,但变动幅度大、类型多、动荡性比较强的具有"拐点"情景的决策问题(如应急管理决策等),其情景变动与演化都会影响决策方案效果的有效性与稳健性,甚至会诱发新的危害情景出现,使决策问题越来越复杂,出现了一类情景强依赖性决策,对国家经济、社会、科技发展、环境保护与公众健康等具有重要影响,这类决策问题是本书研究的主要对象。

情景强依赖性决策在环境、方案性能、形成路径等方面具有多方面的独特性和复杂性,例如:

(1) 情景强依赖性决策源于决策情景的强复杂性。主要包括情景强依赖性决策大时空尺度或"情景强依赖性决策——环境复合系统"自组织演化和涌现产生的情景不确定性;强依赖结构形成的不确定性涌现;决策主体对情景强依赖性决策复杂机理尚未认识或认识模糊、对情景强依赖性决策客观规律存在本质上的不确知等主观能力不足与信息缺失造成的不确定性。

(2) 情景强依赖性决策方案必须保持对深度不确定决策情景的适

应性。这除了要求决策方案能全面体现情景强依赖性决策方案坚固的物理质量与可靠性外,更要求决策方案在环境出现深度不确定变动或情景涌现时,其性能还是"稳健"的,即不会因为这类情景变动与涌现而影响方案性能的正常释放,否则可能导致决策方案自身功能损伤甚至失效。

(3) 情景强依赖性决策具有复杂的形成路径。由于情景强依赖性决策问题自身的复杂性和决策主体能力的局限,决策过程常常表现为构造一个"过渡性"决策方案系列来逼近、收敛最终方案的过程,为了保证这一过程的正确性和有效性,要求决策主体在决策过程中既尽量保持决策问题固有的复杂性特征,又能够对决策复杂性进行必要和合理的降解。

进一步地,情景强依赖性决策中存在如决策目标、决策依据、个体行为、系统涌现等各类决策(第一类决策情景)的"正向"不确定性,同时还存在对决策方案执行后导致的系统情景变化所引发的对情景强依赖性决策问题的反作用效应(第二类决策情景)的"逆向"不确定性。一个"好"的情景强依赖性决策方案既不能因为深度不确定而导致的情景变动与演化而使方案效果失去稳健性(第一类决策情景鲁棒性问题),又不能因工程决策在方案实施后而诱发新的危害情景(第二类决策情景鲁棒性问题),即情景强依赖性决策既要能够把握现状,又要能够预测未来,特别是要能够预测决策方案执行后所导致的未来极端情景。这就是情景强依赖性决策情景鲁棒性的科学内涵与重要意义。显然,情景强依赖性决策方案需要在情景意义下决策方案的效果、作用相对于大时空尺度情景变动及"拐点"情景既能够保持有效又能够保持鲁棒。这一认知被抽象为评价和度量情景强依赖性决策方案性能的基本概念:决策情景鲁棒性。由此可见,情景鲁棒性是情景强依赖性决策方案性能的基本属性,是用决策方案效果相对于环境变动的稳健性或契合程度来度量决策方案性能的客观属性。如果把环境(包括情景强依赖性决策—环境复合系统)看作一个系统,决策方案看作另一个(人工)系统,则情景鲁棒性就是该方案系统的功能谱与环境系统之间在情景意义下的耦合(契合)度的度量。

当前,情景强依赖性决策的新技术运用与作用期的大时空尺度等造成的决策环境的复杂性越来越突出,决策分析正面临一系列新的严峻挑战,情景强依赖性决策环境认知亟须进一步拓展、决策环境分析方法亟须进一步深化,而要实现这一重要战略任务,必须进一步加强情景强依赖性决策方案性能的创新研究。情景强依赖性决策方案性能并不完全等同于一般情景依赖性决策性能,具有情景强依赖性特征及系统复杂性特征,对其进行研究具有十分重要的理论价值和实际意义。为了更好地把握情景强依赖性决策方案性能的基本原理,分析其情景生成与度量技术,进而提出以情景鲁棒性为核心的新的方法论思考,本书主要遵循以下原则和目标:

一是关注情景强依赖性决策的情景强依赖性切割的分解路径。情景强依赖性决策要素的高度集成性引发的决策复杂性称之为情景强依赖性决策中的情景强依赖性。显然,情景强依赖性决策的情景强依赖性增强了决策复杂性。因此,可以考虑在决策过程中恰当地切割情景强依赖性决策"局部"与"全局"依赖来降低决策复杂性。

二是关注情景强依赖性决策适应性产生和发展的客观条件。适应性选择是主体在操作层面上对情景强依赖性切割的"补偿"。情景强依赖性切割是主体面对决策复杂性最基本的思维原则和先导性目标,只是主体在认知和分析问题过程中的一种"虚体化"假设。当主体面对仍然真实存在的复杂性并要确定决策方案和解决问题时,还需要主体将决策方案客观复杂性从"虚体"还原到"实体"或调整自己的行为。

三是关注情景强依赖性决策情景系统重构以及不确定预测。决策情景的复杂形成过程与复杂形态决定了需要运用多种手段与方法对其进行描述和分析,如可以用具有逻辑关联性但非因果性的语言进行叙事和分析,用一定粗粒度的结构化的数学模型以及计算机能够理解与处理的重构与生成技术等,而更多的时候是用这些不同手段与方法的综合集成。

在复杂性激增的时代背景下，情景强依赖性决策的不确定性表现得尤为突出，严重地制约了现有决策模式的有效性，亟须我们运用复杂系统科学的思想、管理学的基本原理和跨学科的方法，从理论和方法上探讨和研究情景强依赖性决策的新模式。作为这一新模式的有益探索，本书将从基本理论、关键技术以及度量体系等方面构建情景强依赖性决策的鲁棒决策模式，这不仅是管理科学与工程领域研究的前沿科学问题，也是工程管理学科、管理信息技术、行为科学等领域研究的创新，对于丰富相关学科交叉与融合、情景强依赖性跨学科研究方法及可持续发展管理理论等具有重要的理论意义和现实价值。

第二节 情景强依赖性决策的鲁棒性关键影响因素识别

本节遵循从实践、理论、再到实践的螺旋式上升的技术路线，紧密结合我国改革开放 40 多年来的重大工程决策及当前社会乃至全球重大应急管理等情景强依赖性决策背景，主要从以下三个阶段识别情景强依赖性决策的鲁棒性关键影响因素。

一、决策情景强复杂性特征与决策方案作用机理

由于决策"情景"既是决策活动的背景与条件，它本身也是决策活动"制造"的。从决策活动中决策环境（社会、经济、自然等）的现象及动态演化（第一类决策情景）及决策方案—环境复合系统整体现象与涌现（第二类决策情景）两个层面，研究决策情景类型、构成及关键要素等；在对决策情景界定的基础上，提炼决策情景强复杂性特征（如深度不确定性、演化路径多样化、方案环境多重尺度交互等）及表现形式（包括大时空尺度情景及情景时空尺度虽然不大，但情景变动幅度大、类型多、动荡性比较强的"拐点"情景）；同时结合决策案例和理论分析，论证由

此形成的情景强依赖性决策问题的存在性及动态复杂形态并进一步形成情景强依赖性决策的情景强复杂性特征对决策方案的作用机理。

二、情景强依赖性决策方案性能的内涵

在上述研究内容的基础上,探索情景强依赖性决策方案性能与决策风险(包括"正常意外性")、决策方案环境(社会、经济、自然等)适应性之间的关系及关键影响因素,建立决策方案性能的基本概念及其维度和要素,并定性度量这些情景强复杂性因素对决策方案性能的影响机理;从实现对决策情景状态、演化路径、演化结果等的把握,研究决策情景强复杂性要素的异常状态及其与决策方案性能释放的影响关系。

三、情景强依赖性决策鲁棒性定义及影响因素

在明晰了情景强依赖性决策方案性能内涵的基础上,通过对各学科领域(数理统计、生物、软件开发等)关于鲁棒性的文献资料和研究,深刻理解"鲁棒性"的含义,提出描述这一类情景强依赖性决策方案性能的"情景鲁棒性"概念,分析其维度、要素和提出的意义;基于情景强依赖性决策方案的规定性对大时空尺度决策情景具有的稳健性与适应性(低敏感性)及对"拐点"情景具有的稳健性与适应性(高敏感性),研究情景强依赖性决策的情景空间中一类性状或波动可能会对决策方案性能造成极大损坏的极端情景的表现形态及演化路径。"情景鲁棒性"对极端情景才有意义,因为这一类极端情景实际上将成为判断情景强依赖性鲁棒性决策方案的"阈值",决策方案如果能够对这一类极端情景表现出鲁棒性,那该方案对情景空间中其他情景点的鲁棒性自然是有保证的。

具体来说,该阶段主要运用数理分析、案例分析与实证调研等方法识别并确立情景强依赖性决策情景的演化规则和相关约束条件。选取情景强依赖性决策进行案例分析,识别情景强依赖性决策的典型情景,采用结构化、半结构化问卷调研以及深度访谈等方法采集不同决策情

景下决策方案相关信息。由于决策方案具有生命期,为保证数据的真实性与有效性,需对选定决策作全过程跟踪调研,记录不同决策情景下不同阶段决策方案的相关信息。利用所获得的实践数据建立情景强依赖性决策的环境情景,分析和提取情景强依赖性决策全生命期中不同阶段的目标约束、决策结果等情景要素。

在此基础上,通过调研、数据收集与统计性描述方法,以情景强依赖性决策方案—社会经济环境复合系统为对象,从宏观角度分析决策情景强复杂性特征与表现形式,并基于复杂系统理论和非线形理论对其复杂性根源进行探讨。从整体上自上而下地将决策情景强复杂性进行抽象和解构,如结构化决策情景、半结构化决策情景及非结构化决策情景,分析各类决策情景之间接口、数据需求、规范、功能和目标以及信息流等进行宏观分析和度量。通过实地调研、案例研究、基于扎根理论的探索性分析方法以及软系统分析方法,在对案例系统剖析与编码的基础上,从微观上刻画决策情景强复杂性。同时,研究情景强依赖性决策情景要素对决策方案性能的影响,比如,可分析前期决策阶段目标决策结果与决策情景强复杂性之间的关联,系统分析情景强依赖性决策情景适应的基本内涵、目标以及要素。

进一步地,在决策鲁棒性相关文献回顾的基础上,对大时空尺度的重大工程及时空尺度虽然不大,但决策情景类型多、动荡幅度大的应急决策等典型情景强依赖性决策开展案例分析,进行实地调研,运用复杂性科学理论、综合集成理论和决策科学等理论分析情景强依赖性决策环境系统,提炼强依赖性情景鲁棒性决策的复杂问题;借鉴现有的鲁棒性决策理论,结合综合集成、系统科学等理论,界定情景强依赖性决策鲁棒性的基本概念、内涵、目标、指标和一般规则等。同时,通过有针对性的问卷调查和专家访谈,识别并分析较为完备的决策情景鲁棒性的影响因素;实施问卷调查,收集情景强依赖性决策主体对决策方案的认知状况,并采用实地访问等方式确保获得数据的真实性,确保问卷的回收率。对回收数据进行统计分析,运用因子分析、主成分分析等方法对实证数据进行验证性分析,并综合运用 SPSS、AMOS 以及 SEM 分析工具(如 Smart PLS、Lisrel 等)对影响因素进行聚合效度以及区分效度检验,确保影响因素的有效性,从而初步归纳情景强依赖性决策的鲁棒性影响因素与内涵。此外,运用心理学等方法开展情景强依赖性决策的鲁棒性分组对比实验来验证各影响因素的合理性以及限定条件,最终确定切实可行的情景强依赖性决策的鲁棒性关键影响因素。

四、情景强依赖性决策的情景鲁棒性关键技术体系

在基本明确了情景强依赖性决策的鲁棒性基本原理后,一个重要的问题就是如何预测与发现情景(情景实现)以及如何度量这类决策方案的情景鲁棒性。因为只有这两个问题有了明确的答案和相应的解决方法,才有可能对情景强依赖性决策方案进行评价、选择与改进。

(一)情景强依赖性决策的情景可计算性

决策情景可计算的关键在于将环境问题的现实情景转化为概念情景,并进一步转化为可直接用于建模的结构化情景。

(1)决策情景分析。分析典型情景强依赖性决策所依托的社会、经济和自然环境,获得与情景鲁棒性决策密切相关的非结构化、半结构化和结构化情景交互影响的概念情景,主要包括决策情景的尺度选择、涉及的社会经济主体类型及情景诉求、关键的技术问题等。

(2)情景结构化方法。研究半结构化、非结构化决策情景的结构化处理方法;构建情景强依赖性决策概念情景结构化分解的粒度准则与流程;通过数理模型、规则模型、逻辑模型等来描述与表达结构化情景中的要素、要素间关联、层级结构以及要素与外界环境的关系。

(二)关键技术之一:情景强依赖性决策的情景生成

(1)决策情景建模方法。针对实际决策情景建模,研究决策情景要素之间交互规则、建模粒度、约束的确立;以强情景依赖性决策问题情景为导向,建立能够表现决策情景结构、主体之间相互关系的决策情景模型,包括系统环境建模、主体对象及演化规则建模、数据结构设计等技术。

(2) 决策情景校核方法。构建强情景依赖性决策情景模型的有效性验证方法；研究在不完备信息条件下，从数据、逐层、全过程三个方面对决策情景结构化过程以及模型构建过程的有效性、可行性与可信性进行检验（校核）的方法。

(3) 决策情景生成方法。针对信息不完备或数据失真等情况，研究决策情景模型进行计算机程序化处理方法；以可视化技术为手段再现和模拟决策情景；通过数据耕耘等技术在计算机系统中培育出决策情景簇，为决策情景鲁棒性分析提供方法支持。

（三）关键技术之二：情景强依赖性决策的鲁棒性度量与提升

(1) 情景鲁棒性准则。在实现决策情景的基础上，模拟不同的决策方案在多种可能情景中的"生存状态"；分别对不同情景强依赖性决策问题，研究不同极端情景类型（如奇异情景与异常情景等）对应的鲁棒量表；构建决策方案与情景鲁棒量表的匹配程度下不同决策方案在相同情景下的鲁棒性度量方法，从而获得同一决策方案在不同情景下的鲁棒性区间。

(2) 决策情景鲁棒度量方法。研究决策主体认可的具有满意鲁棒性决策方案（基准方案）与情景鲁棒性属性紧密关联的性能指标，基于这一性能指标分别赋予基准方案与待评价的决策方案性能指标值；研究这两个决策方案指标值的差距变换为待评价方案的鲁棒性缺失方法，从而设计度量决策方案极端情景鲁棒性的方法，并探究决策情景鲁棒度量方法的循环迭代式提升路径及停机准则。

(3) 情景鲁棒性度量方法的可信度。鲁棒性度量要求对决策情景变动不能够过于敏感或者过于不敏感。构建情景强依赖决策情景鲁棒性度量目的下情景鲁棒性度量的综合评价指标；研究不同决策情景鲁棒性度量的一致性，并形成可信度框架及其适用范围。

具体来说，该阶段通过理论分析（如文献研究、案例分析）和实践探索（实地调研、专家访谈）等方法获取现实情景强依赖性决策情景，包括现实情景强依赖性决策情景的内涵、边界以及准确性和完备性。对现实情景强依赖性决策情景进行感知、认识并系统分析,结合研究者的能力、知识、经验等进一步抽象、归纳、整理,初步概括形成由结构化、半结构化、非结构化决策情景构成的概念决策情景,结构化部分常用定量方式表达,半结构化、非结构化部分多采用定性方式描述。此外,将遵循从决策"实际情景—概念情景—实际情景—……"反复逼近、迭代的思想,从情景强依赖性决策的实际情景中分析、分离、提取和归纳对应的决策概念情景,再将构建的决策概念情景与现实决策情景进行匹配,进行反复修正与完善,从而实现对情景强依赖性决策的概念情景。

接下来,对所研究的情景强依赖性决策概念情景进行认知及处理,通过数理模型和规则描述情景中的要素(如关联主体、情景约束目标等)、要素之间的关系以及要素和环境的关系,以系统科学方法为指导,运用计算机技术与信息技术(如情景挖掘、提取、生成)构建情景强依赖性决策半结构化、非结构化情景的结构化处理方法。进一步提取"结构化情景"中的主体、行为、结构、关联、规则等,从而使决策概念情景成为计算机能够"读懂"的结构化与逻辑关系明晰的"情景要素",为对反映决策情景强复杂性特征的情景强依赖性决策情景进行"情景空间"意义下的计算机重构奠定基础。同时,需要指出,结构化决策情景的直接出发点是用逐步精确化、结构化的系统序列来提取情景要素以易于建模并程序化,仍需在综合权衡研究目标与分析能力、可行性与必要性、效果与效率等基础上,选择恰当的情景要素来描述决策情景的粗粒度。

基于情景强依赖性决策的情景可计算,以典型情景强依赖性决策情景为导向,并初步分析典型决策情景中的关键情景要素(包括情景约束目标等),运用情景建模方法进一步修正并完善关键情景要素。运用结构性建模和功能性建模方法,针对非结构化及半结构化决策情景,采用先模块后整体的自下而上的建模思路,比如,首先实现非结构化情景要素刻画、主体行为决策建模、多主体交互机制建模、环境建模等,实现单元个体微观机理与系统宏观规律之间的有机关联,并最终构建相应的计算机情景模型(见图8-1)。

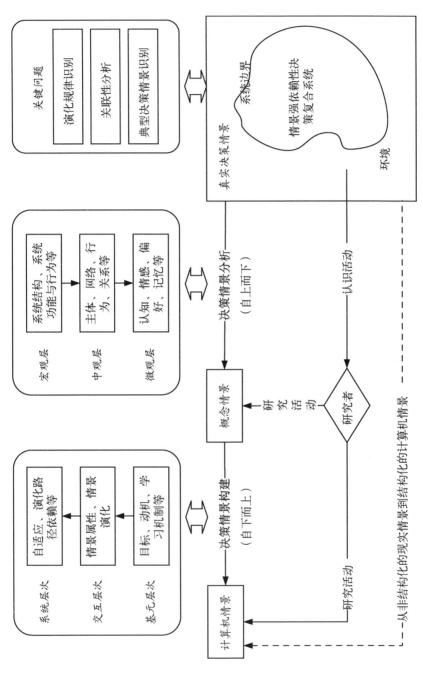

图 8-1 情景强依赖性决策的情景建模的研究思路

在此基础上，以马尔可夫等的不确定理论、校验方法等研究为基础，从对由于诸多的不确定性以及人们保护隐私和安全等的需要造成的数据有效性的丧失进行数据有效程度的分析及数据校核；从认知校核、结构化校核、分解校核、模型校核和操作有效性五个方面进行子循环的逐层校核；将情景强依赖性决策的情景建模得到的实验情景和真实情景相比较，通过多次的循环校核，得到一个满意的计算实验方案的全过程校核（见图 8-2）。

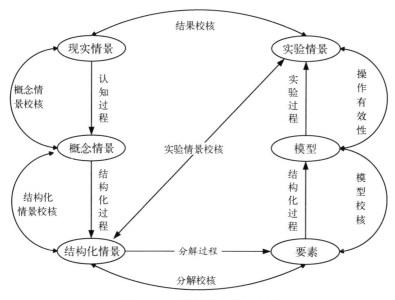

图 8-2 决策情景校核示意图

在实现决策情景的基础上，采用计算机智能算法（包括遗传算法、神经网络算法等学习算法）来刻画情景强依赖性决策方案的自适应性。在此基础上，采用结构方程建模和数理模型等方法初步构建关键决策情景要素与决策方案性能的关联性，对不同决策方案在未来多种可能决策情景下的"生存状态"进行模拟分析，即建立基于计算实验的情景强依赖性决策方案鲁棒性的理论模型。结合实证调研获取的数据，对情景强依赖性决策方案鲁棒性的理论模型进行模拟推演，从而进一步修正并完善理论模型,实现对情景强依赖性决策全生命期内不同决策情景下的决策方案鲁棒性进行识别和分类。

接下来,借鉴鲁棒决策方法中的鲁棒性测度方法,结合情景强依赖性决策方案性能的新认知,构建情景强依赖性决策全生命期内决策方案的情景鲁棒性度量方法,从而获得不同决策方案在同一情景下的鲁棒性以及同一决策方案在不同情景下的鲁棒性区间(阈值)。遵循从决策情景鲁棒性的"满意"原则,综合考虑情景强依赖性决策情景对决策方案造成的损坏程度、情景出现可能性大小以及决策方案实施成本及可行性等,结合现实情景强依赖性决策目标,补充新的方案再次进行同等深度研究以寻找最终方案,从而形成决策情景鲁棒度量方法的"迭代式"提升路径。此外,从无量纲化方法(排序结果差异)和决策情景空间容量(选择相应的决策情景数据,逐个增加评价情景)两个方面度量情景鲁棒性的一致性,并形成情景强依赖性决策的鲁棒性度量方法的可信度框架及适用范围。

本 篇 小 节

本篇主要从情景分析方法、情景鲁棒性决策的关键技术以及情景强依赖性决策方案形成三方面来探讨情景在管理学中的相关方法。

在情景分析方法部分,首先,梳理总结了情景方法的相关内涵及研究进展。接着,描述了几类情景分析的步骤,并分析了"情景"理论体系的相关构成。最后,从情景分析作为企业管理战略的制定工具的视角,阐述其在企业管理领域的相关应用,并从情景分析用作评估与预测思想的视角,阐述其在经济评价与预测领域的相关应用,分别包括交通规划领域、农业发展领域、能源需求领域、气候变化领域等。

在情景鲁棒性决策的关键技术部分,首先,探讨了管理研究中情景生成的基本路线。接着,对情景生成的计算机模拟方法的情景耕耘方法进行深入介绍,包括其情景重构与预测的基本思路。最后,探讨情景耕耘方法中"自上而下"与"自下而上"相结合的情景建模的思路,以及由研究情景的界定、概念情景的形成、可耕耘模型的建立、情景耕耘模型的计算机实现以及耕耘结果的评估与比较五个方面构成的情景耕耘的基本范式。

在情景强依赖性决策方案形成部分,分析情景强依赖性决策在环境、方案性能、形成路径等方面具有多方面的独特性和复杂性,以及以情景鲁棒性为核心的情况下情景强依赖性决策研究需遵循的原则及目标,然后从两个研究阶段形成情景强依赖性决策方案。

第四篇

管理学研究中的情景应用

第九章
湖泊流域复合系统情景建模

随着社会科学研究方法和工具的不断创新和完善,科学规范的研究方法在社会科学领域中的应用范围逐步拓展。社会系统多元情景可计算模式在综合集成理论基础上,利用计算技术对社会系统情景演化机制及其要素的动力学进行模拟,研究社会系统情景的发生过程、相互关系,对"已经发生""正在发生"和"将来可能发生"的社会系统情景进行分析,解释其形成的原因,发现其中的规律和法则,从而设计出求解社会系统实际情景的方案,为实际社会活动的管理提供客观和符合规律的正确建议和依据。

第一节 湖泊流域复合系统复杂性分析与思考

湖泊流域水问题的整体性、关联性、等级结构性、时序性和动态平衡性等特征(中国科学院可持续发展战略研究组,2007),有必要依据系统分析方法论,从湖泊流域自然—社会—经济复合系统出发去分析其复杂整体性情景,进而才能对其成因、系统要素之间的关联及复杂性有更加清晰的描述与全面的认识,并进一步地对情景管理提出系统的科学方法或治理方案。

一、湖泊流域复合系统概述

立足于系统科学,湖泊流域可以看作一个由人参与并主导的、要素众多、功能多样、关系复杂的自然—社会—经济复合系统(盛昭瀚等,2012),具有复杂的层次结构与时空结构,并呈现出整体性、多维度、动态性、适应性、非线性等特性(金帅 等,2010)。作为复杂自适应系统,自然子系统、社会子系统与经济子系统构成湖泊流域复合系统的三个异质子系统,具有各自不同性质的结构、功能及作用机理;同时,它们自身的存在和发展又与其他子系统结构、功能密切相关(见图9-1)。

(一)湖泊流域自然子系统

作为一个完整的生态系统,湖泊流域自然子系统是构成湖泊流域复合系统的基础,其自身具有自组织、自调节与自生长的能力。该系统内包含降雨、冲刷等自然过程,溶解、稀释、沉淀、混合等物理过程,氧化还原、分解化合等化学过程以及繁殖、生长、捕食、竞争等生物过程。这些过程使该生态系统的生物结构、食物链网、资源质量、资源数量、水体质量、空间分布以及时间动态发生变化,同时其生物过程也会受到这些变化的影响。进一步地,该生态系统的生物结构、食物链网、资源质量、资源数量、水体质量、空间分布以及时间动态等,也决定了湖泊流域复合系统的功能构成。具体来说,湖泊流域的资源提供功能包括土地资源以及水资源等;水文功能包括蓄水、防洪、调节等;经济功能包括养殖、航运、灌溉等;社会功能包括文化、娱乐、景观等;生态功能包括物种保护、纳污自净等。

(二)湖泊流域经济子系统

湖泊流域经济子系统是以资源为中心的经济活动,主要通过宏观反馈控制体系和市场机制来调节。其中,反馈控制机制主要是指政府对经济系统进行的宏观调控与干预。而市场机制主要是指经济内在的本体机制,能够对经济运行和资源配置进行自调节,并通过市场对湖

第九章 湖泊流域复合系统情景建模

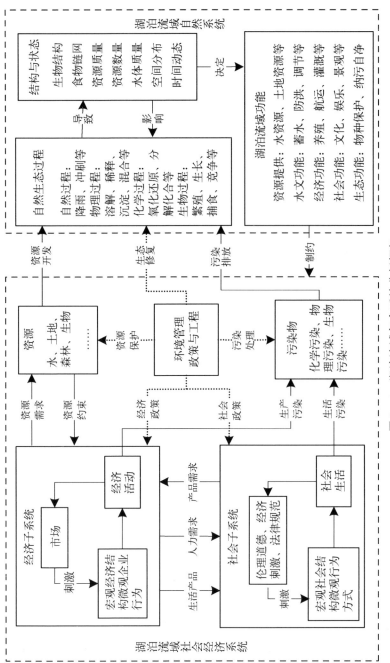

图 9-1 湖泊流域复合系统分析框架

泊流域内外各种经济活动与需求进行关联,进而在市场机制与宏观控制机制相互作用形成流域内经济结构。这里,资源环境压力和反馈控制机制是对经济子系统的约束;而在二者作用下,市场机制的自组织、自适应的作用过程使微观主体受供求、价格、竞争等影响,不断调整其经济行为。仅仅依靠政府的直接干预或市场调节都是远远不够的,需要在实践中把握二者之间的力度与时机选择。

(三) 湖泊流域社会子系统

湖泊流域复合系统具有明显的动态性、整体性以及涌现性等特点(盛昭瀚 等,2012)。例如,在某湖泊流域,人类追求的社会稳定与经济发展难免会带来资源的污染排放及过度开发,加剧了其生态系统的恶化,并在极大程度上影响其自修复能力;而湖泊流域生态系统的自调节与自适应能力的降低使其环境容量发生同步的下降,并进一步地加速生态恶化。同时,人口膨胀与经济发展也扩大了水污染排放量及水资源需求量,而污染引发的水质恶化反过来更加剧了水资源短缺。湖泊流域生态的持续退化,一方面使区域生存与发展的自然条件退化并威胁到居民生存环境;另一方面,灾害风险和生态危机也会随之加剧大范围的生态失衡,并导致由经济持续增长难带来的社会不稳定。然而,人类围湖造田、筑堤修坝、超采地下水等经济活动或相关抵御灾害行为,加剧了生态环境的脆弱性,尤其是流域内被人为地渠道化、切割化的水利工程设施,使水生生物的生产能力以及污染物净化能力等不断下降;同时,人类自身抗灾的能力也在日益下降。在这些众多因素的影响下,以诱导型自然灾害为主的湖泊流域灾害层出不穷。

总之,在湖泊流域复合系统中资源、环境、社会、经济之间彼此联系及制约,共同构成了人与自然生态相互依存、共生的复合体系,并具有异常强大的交互反馈能力。例如,当前湖泊流域凸显出的水危机问题,不仅仅是由于各种水问题之间相互影响及交错造成的(盛昭瀚 等,2012),更是自然过程、社会过程及经济过程之间相互交织产生的集成复杂性的体现与爆发,因此呈现出系统的整体复杂性特征。

二、湖泊流域复合系统复杂性分析

由前面分析可知,流域的环境污染问题是一个复合系统问题,其认知与管理充满着艰难与曲折,湖泊流域复合系统的复杂性难以把握的主要表现体现在以下几个方面:

(一)湖泊流域环境开放性形成的系统复杂性

作为地球表面陆地水圈的重要组成部分,湖泊是一个完整的、复杂的生态系统,由水、气、底泥、生物构成并相互作用及受流域能量流、物质流和信息流的显著影响(湖泊及流域学科发展战略研究秘书组,2002)。一方面,水是一种自然资源、物质生产资源以及生活资源,作为湖泊流域复合系统的主要纽带,湖泊流域周边社会经济环境变化必然对其产生强烈影响;另一方面,全球一体化使得全球气候环境、社会、经济发生不断变化,这也会因改变某一个子系统带来湖泊流域复合系统的整体性变化。

(二)湖泊流域多元自主主体形成的系统复杂性

作为湖泊流域复合系统中最活跃的要素,人具有独特的社会特征及自主的经济行为,并通过对资源的开发与利用等社会经济行为将环境和资源紧密联系在一起(盛昭瀚 等,2012)。同时,湖泊流域复合系统中多元化的利益相关群体构成的人表现出高度的智能性、目的性、自主性等,通过与其他主体及环境之间的交互作用进行认知与决策,并通过学习、尝试、模仿等手段来改变自身行为以适应环境变化(盛昭瀚 等,2012;盛昭瀚 等,2011)。因此,人的广泛参与及其行为的适应性造就了湖泊流域复合系统的高度复杂性(Holland,1995)。

(三)湖泊流域多要素间非线性关联形成的系统复杂性

湖泊流域水体本身存在着相当复杂的物理、化学和生物反应过程,对于外界污染负荷冲击的响应过程通常也是非线性的(盛昭瀚 等,2012)。而且,由于水的连通性,湖泊流域复合系统更是由多元主体、组织、资源、信息等要素通过一定规则而相互关联的动态整体,各种要素之间形成一定的层次或网络结构,并且这种结构也在随着系统的演化进程而不断变化,一般会呈现出复杂的"涌现"现象。同时,湖泊流域复合系统中多要素间相互关联方式与因果关系的内在机理是多种形式的,也呈现出不同种类的复杂性,如复合系统响应过程的非线性、信息的不完全与不对称、时间延滞与空间冲突、个体与整体目标偏差等。这些关联作用在非线性和外界环境影响下,可能使湖泊流域复合系统产生大时空尺度意义下的宏观或全局行为(盛昭瀚 等,2012;盛昭瀚 等,2011)。管理复杂性对于湖泊流域复合系统来说,主要体现在以下方面:

一是系统认知的复杂性。作为开放的复杂巨系统,对于湖泊流域复合系统的认知是不完全的、渐进的。系统认知的复杂性是固有的,不仅表现在系统状态的部分可观测性、系统结构与过程以及发展趋势的不确定性,而且产生这些趋势的系统要素及其关联关系包括非线性、反馈回路、延迟等都具有不确定性。同时,自然过程、社会过程与经济过程共同存在且作用于湖泊流域系统,使单一学科知识并不能对其进行有效分析与总结。

二是决策制定的复杂性。实现湖泊流域系统可持续运行是决策制定的初衷与归宿。然而,由于生态修复的长期性、系统认知的滞后性等,在构造实现复合系统可持续发展的目标体系上存在很大分歧与抽象色彩(Ludwig et al,1993)。同时,湖泊流域系统复杂的时空关联特征带来的尺度效应、累积效应、滞后效应、外部因素干扰等,使得精确识别与量化系统状态、影响源及其效果分析变得异常复杂,并难以简单概括为一些易测定的指标。特别是由于复合系统复杂的时空关联效应以及人们对系统功能及过程的认识不足,管理方案通常不得不建立在系统局部问题的分析与评估之上,势必造成复合系统进化过程与社会政治过程的不协调。

三是多主体协调的复杂性。决策制定者、不同利益相关群体及科学研究者通常基于不同视角及利益,去看待问题产生的原因、利害关系、提出不同的管理目标或需求及相应的解决方案等,而这些看法会影响他们对系统的认识、具体管理目标、具体管理措施成功的可能性等方面的判断。具体表现在决策制定者更多的是从社会经济发展的宏观视角去解决实际问题;利益相关者倾向于从切身利益出发提出决策要求;而科学研究者主要从专业学术角度对系统或特定问题进行研究(盛昭瀚 等,2012)。

四是系统行为的复杂性。湖泊流域复合系统内自然、经济、社会系统的自适应性也决定了该复合系统对管理行为响应的不确定性。个体行为的主观性使得流域治理的社会经济政策实施效果无法精确预测,即管理者对系统部分可控制。外界物质、资金与人员等对于复合系统的开放性具有一定的干扰,这也进一步加大了复合系统响应的不确定性。

综上所述,作为一个复杂的开放巨系统,湖泊流域复合系统的复杂性特征使系统一方面呈现出极大的随机性、模糊性、不确定性和不稳定性,另一方面由于系统内在自适应能力与作用规律则表现出秩序性、确定性、必然性和规律性(盛昭瀚 等,2012)。

三、湖泊流域环境污染问题的系统思考

造成湖泊流域环境污染的原因是多方面的,有自然条件的恶化,但更主要的还是人为因素的影响。这里的人为因素主要是指政府、企业和居民等相关主体的行为影响。例如,企业为追求更高的经济效益,在生产过程中,采纳低技术高污染的生产工艺和流程,不仅水消耗量极大,而且利用率极低;居民的环境保护意识较差,随着生活水平的提高,用水量越来越大,没有良好的生活用水习惯。

从系统科学视角总结分析,湖泊流域环境问题一般是由自然系统和人类系统之间复杂的交互作用引起的,存在社会经济环境系统的复杂性以及生态系统运行的不确定性。这些复杂性与不确定性会导致

生态修复工程在环境、经济与社会成本以及收益的度量变得复杂甚至无法处理,还可能使根据可能性做出的预测和计划方案变得无效甚至起反作用。因此,湖泊流域问题不是一个确定性的简单系统问题,而是一个不确定性和复杂性共存的复杂系统问题,其问题的分析与相关政策的研究应充分考虑系统不确定和复杂性导致的动态变化。

四、认知与治理湖泊流域环境问题的系统思考

在"复杂系统观"下,更多把湖泊流域系统当成一个不确定性和复杂性的问题来看待与处理,认为系统不确定性与复杂性共存,也就是认为科学认知具有局限性,对复合生态系统的认知不足以实现预测,也就无法分析系统内存在的一系列明确的杠杆效应,科学认知与污染治理必然存在时间、空间上不一致,不仅无法独立,而且会相互影响、相互作用。认识观的不同必然导致管理模式的不同,而管理模式的不同也必然带来认识观的不同。一种新的认识观下的认识结果也必然会影响到参与主体的思想,进而影响到参与主体的行为,影响到水环境管理的效果。同时,一种新的管理模式会产生新的水环境状况,这种现实会促使人们改变固有的观念与认识。

科学认知与污染治理在时间、空间上的相互影响在治理过程中具有重要的现实意义。这告诉我们不能简单地借鉴非复杂系统方法论中系统分析与科学治理的关系,一定是先有系统分析,然后再进行综合设计,即"是什么""该怎么做""如何做"。这三个活动中,"是什么"在一段时间内是不知道的,或者说是不能完全确定的,对于湖泊流域水环境污染这样一个复杂问题,科学认识还没有能力给出完全确定的答案。那么,不知道"是什么"是否就不能制定"该怎么做"的方案和计划呢?也不尽然,在流域水环境污染治理的大业中,时不我待,不可能等到人们完全认识清楚了才彻底治理,而且等认识清楚了,局势估计又发生了巨大的变化。因此,不能简单、机械地把科学认识和综合治理视为"两张

皮",在时间、空间上分离,而应该是"你中有我,我中有你"(盛昭瀚 等,2009a),应该加强科学认识与综合治理在流域环境治理过程中的交互作用。

科学是人类创造力的核心,是改变人类生活的重要力量,在湖泊流域水环境的治理中应起到积极的作用。同时,由于当前湖泊流域面临的水危机是由自然系统和人类系统之间复杂的交互作用引起的,需要的分析技术超越了单一学科所拥有的分析技巧,需要采用环境、经济和社会工具来综合分析,以制定和执行政策来解决和平衡社会、经济、环境利益和可持续发展之间的矛盾和问题(陈莹 等,2004)。因此,面对湖泊流域日益凸显的系统复杂性、相互依赖性、不确定性、争议性等,加强科学研究在湖泊流域治理决策中的应用,提高决策效率具有重要的现实意义。尽管政府一直倡导探索治理湖泊的科技之路,但更多强调的是科学技术如何应用于污水处理,对一些基础扎实的技术,进行研发、综合集成和示范、应用。然而科学认知和研究应用于决策还未得到足够的重视,不少决策是在经验和利益平衡的基础上而非在科学的基础上做出的。

值得一提的是,在社会经济日益发达的今天,湖泊流域复合系统本质上是社会经济与自然生态协同演化的开放的复杂巨系统。该系统是典型的富有系统复杂性、不确定性、非线性、主体利益价值多元化等特征的非结构化体系。因此,自然生态系统与人类社会经济之间的动态交互作用关系构成了该复合系统的基本结构与内在动力机制,进而,自然科学与社会科学的有机融合是认识、理解与驾驭该系统的理论基础。然而,应该清醒地认识到:一方面,由于科研工作者、政策制定与实施者之间在问题、知识、评价、沟通、时空及情景等方面的错位,形成了科学研究与湖泊流域治理实践之间的脱节,并成为湖泊流域可持续发展的关键制约因素,进而,探求在复杂环境变化下湖泊流域复合系统治理的知识创新体系成为一种客观需求。另一方面,在科学研究中应该能够全面地反映湖泊流域复合系统治理实践中存在的不确定性、政策制定及其实施的复杂性、社会情景的多样性、相关主体利益价值的多元性等,这同样也对以线性思维为主、注重封闭知识传播与工程解决方案的传统科学研究体系提出了巨大的挑战。

基于以上基本认知,以下具体活动对于湖泊流域复合系统的认知与管理至关重要:

一是对湖泊流域复合系统的系统复杂性的认知和把握。环境系统的自生长、自调节以及社会、经济主体的自主等行为导致流域复合系统的自组织现象,并由此形成流域复合系统的独特结构和性质。因此,除了采用传统的控制、调节或组织手段外,还需要同时处理好复合系统的自组织行为,进行较全面地实现湖泊流域复合系统治理主体的预期。

二是对湖泊流域复合系统的动态演化规律的理解及把握。对于上述湖泊流域复合系统形成的自组织及自适应等复杂现象,一方面复合系统的决策环境发生着动态变化;另一方面,对于这类复合系统的管理也必须充分考虑由于复合系统环境变化引发的主体自学习、自协调与自适应等行为。因此,这类复合系统的管理面临着两大挑战:一是对湖泊流域复合系统整体行为和趋势的预测有了不同于一般封闭系统或简单系统的质的困难;二是无法仅仅使用一般还原论方法来认知湖泊流域复合系统的整体行为的演化及涌现,这也是由于湖泊流域复合系统的要素间的关联方式、耦合紧密程度以及相互影响发生了新的形态变化(盛昭瀚 等,2009b;盛昭瀚 等,2011)。

第二节　太湖流域复合系统情景建模研究方案

图9-2凝练了太湖流域复合系统结构化情景及其计算机实现的基本架构(梁茹 等,2017)。总的来说,结构化情景主要描述三个方面

第九章　湖泊流域复合系统情景建模

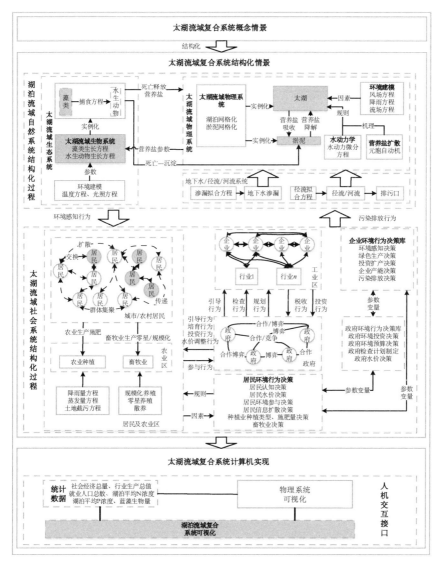

图 9-2　太湖流域复合系统结构化情景及其计算机实现的基本架构

的核心问题：一是要能够对太湖流域复合系统中自然系统运行交互规律进行描述和建模，二是能够对社会系统进行描述和建模，三是对复合系统中自然—社会系统的交互关系进行描述和建模，最后是太湖流域复合系统的计算机实现。

其中,结构化情景主要实现对湖泊流域自然—社会复合系统的建模,具体描述如下:

第一,结构化情景中对太湖流域自然系统的描述来自对太湖流域自然生态系统的抽象和概括,主要包括太湖,太湖流域河流,太湖中的藻类、底泥、营养盐的输送与迁移转化,径流,地下水渗透,排污口以及一些环境变量,如温度、光照、降雨、流场等,其中湖泊和河流的网格化是实现湖泊水体水动力的基础。

第二,结构化情景中对社会系统的刻画来自对太湖流域社会系统的抽象和概括,主要是对各类参与主体的环境行为及其交互关系进行描述性建模。社会系统"人"的因素是结构化情景的核心和重点,这主要有政府环境行为、企业环境行为以及公众环境行为。这些行为产生的背后是一个个异质性主体的行为决策,行为决策又与其主体自身的认知系统和环境客体有关。因此,对太湖流域社会系统的结构化情景建模需要从三个层面展开:首先要能够对每一类主体的自身认知架构进行建模,即要能够充分定义这些主体,包括主体数量、主体空间位置、主体认知属性、主体时间状态迁移、主体决策机制等等,并提供灵活和可扩展的属性库;其次要能够实现对主体交互结构的充分定义功能,主要包括主体结构选择、结构自定义以及结构自适应、自组织等功能,该部分是主体自身认知行为与主体与环境交互后动态产生的;最后是社会约束规范对以上两个方面的刺激与制约,包括政策法律环境等等,以约束主体的行为。

第三,结构化情景中对太湖流域复合系统交互关系的描述来自对太湖流域自然—社会双重属性的概括和抽象,即社会客体对自然环境的改善、影响以及自然环境对社会系统的反馈作用。

总的来说,结构化情景至少要能够提供太湖流域复合系统的基础性架构,即社会系统向自然系统排放污染物以及自然系统向社会系统反馈自然系统健康状况两个方面。

第三节 政府不同偏好对太湖流域复合系统情景演化的实验分析

不管是经济学研究还是在制度分析理论中,政府偏好涉及政府意志问题,说明政府的意志是什么,并用以指示政府主体为了满足自身利益最大化的需要,倾向于能达到的某种目的或结果的心理状态的反映或期望,既可能是政府自身利益的最大化,也可能是至少在形式上由政府来代表的社会公共利益的最大化。因此,每一种政府行为(如公共政策)无不刻上政府偏好的烙印。因此,在某种程度上,在研究太湖流域自然—社会复合系统的动态演化趋势和演化情景时必须把政府偏好置于政府环境行为分析和研究的核心。

政府在太湖流域社会生活中具有相对特殊的身份、地位、职能和行为,经济偏好导致环保重视不足、利益寻租等社会问题的同时,会使得太湖流域水环境问题持续恶化;政府的环境偏好会在一定程度上损害社会经济的发展,但能为社会的可持续发展提供制度保障。总之,太湖流域水环境管理中合理的政府环境决策行为能够更好地整合资源、把握方向、提高治理水平和治理效。

本实验设计了三种实验情景(梁茹 等,2017),具体见表9-1。

表9-1 实验情景设计

政府偏好	经济偏好	社会偏好
实验情景1	0.1	0.9
实验情景2	0.5	0.5
实验情景3	0.9	0.1

实验情景1:面源宽松的管理情景,即政府对面源污染的管理采取消极态度,不直接对居民、农业以及畜牧业进行管理。此种情景下,居民的环境行为主要表现在两个方面,即居民的环境监测行为和日常排

污行为;农业面源部分主要是农村居民的种植生产行为,具体到太湖流域自然—社会复合系统中,主要有农业生产行为和农业排污行为;畜牧业部分主要是对畜牧业的养殖计算、投资决策以及排污行为。

实验情景2:点源宽松管理情景,政府对企业的排污行为不采取任何的管理措施,即政府追求经济效益的最大化,此时,企业采取的环境行为主要有企业产量初始化、企业投资初始化、企业生产决策、企业排污决策以及企业日常排污行为等方面的行为决策。

实验情景3:政府对点源和面源实行全部的管理,此时,政府的管理力度通过其偏好自适应决定,初始的经济和社会偏好中立,即各为0.5。政府将根据各自管辖区域内的太湖水环境状况、居民反应以及社会财富状态等综合决定其决策行为。政府的环境行为主要有政府规划目标调整、政府年度目标调整、政府排污许可计划、政府日常检查行为和政府对居民施压的反应行为,以及政府水价调整行为。居民的环境行为主要有居民环境监测行为、居民日常排污行为和居民向政府施压行为。企业、农业以及畜牧业的行为与第二种情景一致。

该实验的结果见图9-3。从图9-3可以看出,从劣5类水所在太湖区域的结构、面积比较来看,当政府的经济偏好占主导时(情景3),太湖水体的水质在5月份以及7月份90%以上是劣5类水,而社会偏好占主导时(情景1),从7月份的水质可以看出,太湖水质有了很大转变。当政府的社会偏好和经济偏好基本相同时(情景2),太湖水体水质基本上处在情景1和情景3之间。不管是哪种情景,太湖水体的水质在5月份最差,而11月份时最好,且基本上介于2类和3类水质之间。这是因为在秋冬季节太湖流域的农业生产和降雨等因素对太湖水体的影响效力逐渐减弱,同时由于夏季(7、8、9等月)中太湖水体中各类水生生物等对营养物质的大量代谢、降雨带来的入湖水量的急剧增加,一方面各类水生生物消耗了大量的氮磷等营养物质,一方面随着入湖水量的增加对太湖水体中氮磷等营养物质浓度进行了大量的稀释等。

第九章 湖泊流域复合系统情景建模

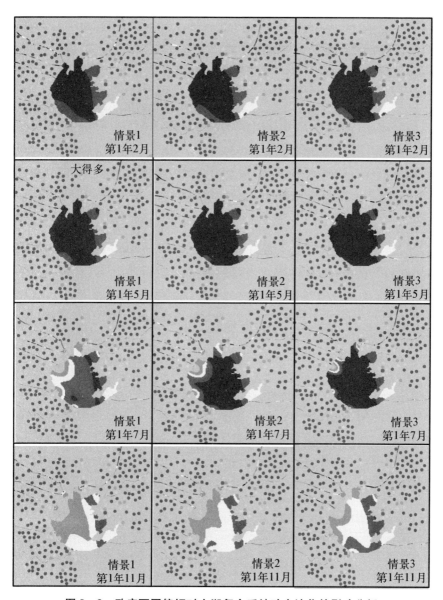

图 9-3 政府不同偏好对太湖复合系统动态演化的影响分析

本篇小节

本篇主要以湖泊流域复合系统情景建模研究为例来探讨情景在管理学中的相关应用。

首先,从湖泊流域复合系统复杂性分析、湖泊流域环境污染问题的系统思考以及认知与治理湖泊流域环境问题的系统思考几方面对湖泊流域复合系统复杂性问题进行综合考虑。接着,基于湖泊流域复合系统研究进展,分别从系统主体、系统演化以及系统涌现三个方面分析湖泊流域复合系统面临的挑战。最后,给出太湖流域复合系统情景建模研究方案,包括太湖流与复合系统概念情景、太湖流域复合系统结构化情景及计算机实现的基本架构,并设计了三种不同政府偏好对太湖流域复合系统情景演化的实验分析。

参考文献

[1] Alcarro J, Heorichs T. Draft Guidelines for Environmental Scenario Analysis [G], 11 July 2002.

[2] Allais M. Le Comportement de I'homme Rationnel devant le Risqué: Critique des Postulats et Axiomes de I'ecole Americaine [J]. Econometrica, 1953, 21: 503-546.

[3] Austin S, Newton A, Steele J, et al. Modelling and Managing Project Complexity [J]. International Journal of Project Management, 2002, 20: 191-198.

[4] Baccarini D. The Concept of Project Complexity — A review [J]. International Journal of Project Management, 1996, 14(4): 201-204.

[5] Ali A S B. An Assessment of the Impact of the Fit among Computer Selfefficacy, Task Characteristics and Systems Characteristics on Performance and Information Systems Utilization. Unpublished doctoral dissertation [M]. The George Washington University, Washington, DC. 2005.

[6] Bell D E. Risk, Return and Utility [J]. Management Science, 1995, 41: 23-30.

[7] Bezold C. Lessons from Using Scenarios for Strategic Foresight

[J]. Technological Forecasting and Social Change, 2010, 77(9): 1513-1518.

[8] Bosch-Rekveldt M, Jongkind Y, Mooi H, et al. Grasping Project Complexity in Large Engineering Projects: The TOE (Technical, Organizational and Environmental) Framework [J]. International Journal of Project Management, 2011, 29(6): 728-739.

[9] Bradfield R, Wright G, Burt G, et al. The Origins and Evolution of Scenario Techniques in Long RangeBusiness Planning [J]. Futures, 2005, 37(8): 795-812.

[10] Brauers J, Weber M. A New Method of Scenario Analysis for Strategic Planning [J]. Journal of Forecasting, 1988, 7(1): 31-47.

[11] Brockmann C, Girmscheid G. The Inherent Complexity of Large Scale Engineering Projects [J]. Project Perspectives, 2008, 29: 22-26.

[12] Buffet O, Aberdeen D. The Factored Policy-gradient Planner [J]. Journal of Artificial Intelligence Research, 2009, 173(5): 722-747.

[13] Chandrasekaran, B. From Optimal to Robust COAs: Challenges in Providing Integrated Decision Support for Simulation-based COA Planning A white Paper, 2005.

[14] Fahey L, Randall R M. Learning from the Future: Competitive Foresight Scenarios [M]. Publisher: John Wiley & Sons. 2009.

[15] Fletcher S M, Miotti M, Swaminathan J, Klemun M M, Strzepek K, Siddiqi A. Water Supply Infrastructure Planning: Decision-Making Framework to Classify Multiple Uncertainties and Evaluate Flexible Design [J]. Journal of Water Resources

Planning and Management, 2017, 143(10): 04017061.

[16] Gidado K. Numerical Index of Complexity in Building Construction with Particular Consideration to Its Effect on Production Time [D]. University of Brighton, 1993.

[17] Godet M. The Art of Scenarios and Strategic Planning: Tools and Pitfalls [J]. Technological Forecasting and Social Change, 2000, 65: 3 - 22.

[18] Goosen H, Tol R S J, Vellinga P. (2004). Challenges and Opportunities for Integrated Environmental Assessment: Proceedings of the First Workshop of the European Forum on Integrated Environmental Assessment, Amsterdam, 12 - 14 March, 1998. W98/28. 1 - 15 [R].

[19] Groves D G, Lempert R J. A New Analytic Method for Finding Policy-relevant Scenarios [J]. Global Environmental Change, 2007, 17(1): 73 - 85.

[20] Holland J H. Hidden Order: How Adaptation Builds Complexity [M]. UK: Addison-Wesley, 1995.

[21] Holland J. Hidden Order: How Adaptation Builds Complexity [M]. Reading, Mass, UK: Addison-Wesley, 1995.

[22] Howard R A. Decision Analysis: Applied Decision Theory [C]. Proceedings of the Fourth International Conference on Operational Research. Boston, Massachusetts, 1966.

[23] Howard R A. Decision analysis: Practice and Promise [J]. Management Science, 1988, 34(6): 679 - 695.

[24] Jen E. Santa Fe Institute Robustness Site. http://discuss.santafe.edu/robustness.

[25] Jia J, Dyer J S, Butler J C. Measures of Perceived Risk [J]. Management Science, 1999, 45(4): 519 - 532.

[26] Jia J, Dyer J S. A Standard Measure of Risk and Risk-Value Models [J]. Management Science, 1996, 42(12): 1691-1705.

[27] Joana G, Harvey M, Terry W. Now, Let's Make It Really Complex (Complicated): A Systematic Review of the Complexities of Projects [J]. International Journal of Operations and Production Management, 2011, 31(9): 966-990.

[28] Jones R, Deckro R. The Social Psychology of Project Management Conflict [J]. European Journal of Operational Research, 1993, 64(2): 216-228.

[29] Kahn H, Weiner A. The Year 2000: A Framework for Speculation on the Next Thirty-three Years [M]. Collier-Macmillan, Toronto, Canada, 1967.

[30] Kasprzyk J R, Nataraj S, Reed P M, et al. Many Objective Robust Decision Making for Complex Environmental Systems Undergoing Change [J]. Environmental Modelling Software, 2013, 42(5): 55-71.

[31] Kerber K W, Buono A F. Leadership Challenges in Global Virtual Teams: Lessons from the Field [J]. SAM Advanced Management Journal, 2004, 69(4).

[32] Kerzner H. Project Management: A Systems Approach to Planning, Scheduling, and Controlling. Hoboken [M]. New Jersey: John Wiley Sons, Inc. 2006.

[33] Knox J W, Haro-Monteagudo D, Hess T M, et al. Identifying Trade-offs and Reconciling Competing Demands for Water: Integrating Agriculture into A Robust Decision-Making Framework [J]. Earths FutureE, 2018, 6(10): 1457-1470.

[34] Koopmans T C. Activity Analysis of Production and Allocation [M]. Wiley, 1951.

[35] Kwakkel J H, Walker W E, Haasnoot M. Coping with the Wickedness of Public Policy Problems: Approaches for Decision Making under Deep Uncertainty [J]. Journal of Water Resources Planning and Management, 2016, 142(3): 01816001.

[36] Lempert R J, Groves D G. Identifying and Evaluating Robust Adaptive Policy Responses to Climate Change for Water Management Agencies in the American West [J]. Technological Forecasting and Social Change, 2010, 77(6): 960-974.

[37] Lempert R J. Scenarios That Illuminate Vulnerabilities and Robust Responses [J]. Climatic Change, 2013, 117(4): 627-646.

[38] Ludwig D, Hilborn R, Walters C. Uncertainty, Resource Exploitation, and Conservation: Lessons from History [J]. Science, 1993, 260(17): 17-36.

[39] Lundquist E. Why Projects Fail [J]. Week, 2005, 22(5): 24.

[40] Markowitz H M. Mean-Variance Analysis in Portfolio Choice and Capital Markets [M]. Basil Blackwell, New York, 1987.

[41] Maylor H, Vidgen R, Carver S. Managerial Complexity in Project-based Operations: A Grounded Model and Its Implications for Practice [J]. Project Management Journal, 2008, 39: 15-26.

[42] Maylor H. Project Management (3rd. ed.) [M]. FT Prentice Hall, Harlow, UK, 2003.

[43] Myers K L, Jarvis P A, Mabry T W, et al. A Mixed-Initiative Framework for Robust Plan Sketching [C]. ICAPS-03 Proceedings, 2003.

[44] Pederson C S. Separating Risk and Return in the CAPM: A General Utility-based Model [J]. European Journal of Operational Research, 2000, 123(3): 628-639.

[45] Pigou A C. The Economics of Welfare [M]. London, UK: Macmillan, 1920.

[46] Pinto J K. Project Management Handbook (1st. ed.) [M]. San Francisco: Jossey-Bass Inc. 1998.

[47] Pyra J, Trask J. Risk Management Post Analysis: Gauging the Success of a Simple Strategy in a Complex Project [J]. Project Management Journal, 2002, 33(2), 41-48.

[48] Raskin P, Monks F, Ribeiro T, et al. Global Scenarios in Historical Perspective. Ecosystems and Human Well-being: Scenarios. Findings of the Scenarios Working Group, Island Press, Washington, 2005, 35-44.

[49] Remington K, Pollack J. Tools for Complex Projects [M]. Gower Publishing Company, Aldershott, UK, 2007.

[50] Rouse W B, Baba M. L. Enterprise Transformation [J]. Communications of the ACM, 2006, 49(7): 67-73.

[51] Samuelson P A. Economics [M]. New York, US: McGraw-Hill, 1980.

[52] Sarin R K, Weber M. Risk-Value Models [J]. European Journal of Operational Research, 1993, 70: 135-149.

[53] Savage L J. Foundations of Statistics [M]. Wiley, New York, 1954.

[54] Schaffer S R, Clement B J, Chien S A. Probabilistic Reasoning for Plan Robustness [C]. Proceedings of the 19th international joint conference on Artificial intelligence. Edinburgh, Scotland, Morgan Kaufmann Publishers Inc., 2005, 1266-1271.

[55] Schoemaker P J H. Disciplined Imagination: From Scenarios to Strategic Options [J]. International Studies of Management & Organization, 1997, 27(2): 43-70.

[56] Shenhar A J, Dvir D. Project Management Research-The Challenge and Opportunity [J]. Project Management Journal. 2007, 38(2): 93-9.

[57] Sheng Z H. Fundamental Theories of Mega Infrastructure Construction Management: Theoretical Considerations from Chinese Practices[M]. Springer, 2018.

[58] Tatikonda M V, Rosenthal S R. Technology, Novelty, Project Complexity and Product Development Project Execution Success: A Deeper Look at Task Uncertainty in Product Innovation [J]. IEEE Transaction on Engineering Management, 2000, 47(1): 74-87.

[59] Tulving E. Précis of Elements of Episodic Memory [J]. Behavioral and Brain Sciences, 1984, 7(2): 223-268.

[60] Turner J R, Cochrane R A. Goals-and-Methods Matrix: Coping with Projects with Ill Defined Goals and/or Methods of Achieving Them [J]. International Journal of Project Management, 1993, 11(2), 93-102.

[61] Rotmas J, Assect M V, Anastasi C, et al. Visions for a Sustainable Europe [J]. Futures, 2000, 32(9/10): 809-831.

[62] van der Heijden K. Scenarios, the Art of Strategic Conversation [M]. John Wiley and Sons Ltd, Chichester, 1996.

[63] Vidal L A, Marle F, Bocquet J C. Using a Delphi Process and the Analytic Hierarchy Process (AHP) to Evaluate the Complexity of Projects [J]. Expert Systems with Applications, 2010 38(5), 5388-5405.

[64] von Neumann J, Morgenstern O. Theory of Games and Economic Behavior [M]. Princeton University Press, Princeton, New Jersey, 1944.

[65] Wald A. Statistical Decision Function [M]. Wiley, New York, 1950.

[66] Williams T M. The Need for New Paradigms for Complex Projects [J]. International Journal of Project Management, 1999, 17(5): 269-273.

[67] Wilson C. Scenario Writing [J]. Transactions of the Society of Motion Picture engineers, 1928, 12(33): 58-70.

[68] Wollenberg E, Edmunds D, Buck L. Anticipating Change: Scenarios as A Tool for Adaptive Forest Management [G]. Center for International Forestry Research, 2000.

[69] Wozniak T M. Significance vs Capability: 'Fit for Use' Project Controls' American Association of Cost Engineers [C]. International (Trans) (Conference Proceedings) Dearborn, Michigan, 1993, A.2. 1-8.

[70] 陈莹,刘昌明. 大江大河流域水资源管理问题讨论[J]. 长江流域资源与环境,2004,13(3): 239-245.

[71] 湖泊及流域学科发展战略研究秘书组. 湖泊及流域科学研究进展与展望[J]. 湖泊科学,2002,14(4): 289-300.

[72] 金帅,盛昭瀚,刘小峰. 流域系统复杂性与适应性管理[J]. 中国人口·资源与环境,2010,20(7): 60-67.

[73] 梁茹,陈永泰,徐峰,等. 社会系统多元情景可计算模式研究[J]. 管理科学学报,2017,20(1): 53-63.

[74] 娄伟. 情景分析方法研究[J]. 未来与发展,2012(9): 19-28.

[75] 盛昭瀚,金帅. 湖泊流域系统复杂性分析的计算实验方法[J]. 系统管理学报期刊,2012,21(6): 771-780.

[76] 盛昭瀚,游庆仲,陈国华,等. 大型工程综合集成管理——苏通大桥工程管理理论思考和探索[M]. 北京:科学出版社,2009a.

[77] 盛昭瀚,张军,杜建国. 社会科学计算实验理论与方法[M]. 上海:

上海三联书店,2009b.

[78] 盛昭瀚,张维. 管理科学研究中的计算实验方法[J]. 管理科学学报期刊,2011,14(5):1-10.

[79] 王干. 流域环境管理制度研究[M]. 武汉:华中科技大学出版社,2008.

[80] 王浣尘. 综合集成系统开发的系统方法思考[J]. 系统工程理论方法应用期刊,2002(1):1-7.

[81] 尹亚红. 对债务重组新会计准则的若干思考[J]. 时代经贸,2007(10):18-19.

[82] 中国科学院可持续发展战略研究组. 2007中国可持续发展战略报告——水治理与创新[M]. 北京:科学出版社,2007.

[83] 朱跃中. 未来中国交通运输部门能源发展与碳排放情景分析[J]. 中国工业经济,2001(12):30-35.

[84] 宗蓓华. 战略预测中的情景分析法[J]. 预测,1994(2):50-55.

后 记

> 我们将被迫在知识的一切领域中运用整体或者系统的方式来处理复杂性问题,这将是科学思维的一个根本改造。
>
> ——贝塔朗菲

本书的主要研究思想、内容和方法源于本人近年来参与和主持的一系列科研项目,包括国家自然科学基金项目"情景强依赖性重大工程决策的全景式方案生成策略研究"(72101141)、南京大学优秀博士研究生创新能力提升计划项目"重大工程情景鲁棒性决策方法研究"(201601A001;201702B041)、南京大学研究生跨学科科研创新基金项目"重大工程决策的深度不确定情景研究"(2014CW05)、国家自然科学基金重大项目"我国重大基础设施工程管理的理论、方法与应用创新研究"子课题"重大工程决策分析与决策管理"(71390521),以及国家自然科学基金大数据专项培育计划项目"大数据驱动的太湖流域水环境综合治理全景式情景重构与预测研究"(91646123)等,在此对相关研究资助机构表示感谢!

同时,谨向在漫长的科研工作中给予主要引导和宝贵训诫的博士生阶段导师盛昭瀚教授,致以衷心的感谢。对处于艰辛的科研生活中的同学、同事及同行者致以诚挚的问候,限于篇幅在此不能一一列举。最后,感谢上海大学出版社石伟丽老师在本书出版过程中给予的大力支持。

梁 茹

2021 年 9 月